Wer ist Jesus?

Hintergründe

Fakten

Meinungen

Ein Projektbuch

Verlag an der Ruhr

Impressum

Titel:

Wer ist Jesus?
Hintergründe, Fakten, Meinungen
Ein Projektbuch
Arbeitsmaterialien für die Sekundarstufen

Autoren:
Stephanie Catani, Wilfried Stascheit

Druck:
Druckerei Uwe Nolte, Iserlohn

Verlag:
Verlag an der Ruhr
Alexanderstraße 54 – 45472 Mülheim an der Ruhr
Postfach 10 22 51 – 45422 Mülheim an der Ruhr
Tel.: 0208/439 54 50 – Fax: 0208/439 54 39
E-Mail: info@verlagruhr.de
www.verlagruhr.de

© **Verlag an der Ruhr 2005**
überarbeitete Ausgabe 2006

ISBN 10: 3-86072-923-3 (bis 12/2006)
ISBN 13: 978-3-86072-923-6 (ab 2007)

geeignet für die Altersstufe 13 **14 15 16 17 18 19**

Die Schreibweise der Texte folgt der reformierten Rechtschreibung.

Gedruckt auf chlorfrei gebleichtes Papier.

Inhalt

Vorwort

Um wohl kaum eine **historische Figur** ranken sich mehr Mythen, Halbwahrheiten und Legenden als um **Jesus von Nazareth**. Genauso eindrucksvoll wie seine gegenwärtige Wirkung und Bedeutung ist seine faszinierende Biografie von Beginn an. Angeblich unter dramatischen Umständen in einer Krippe neben Ochs und Esel zur Welt gekommen, laden sein Leben voller Wundertaten, seine Verhaftung und Verurteilung und schließlich sein Märtyrer-Tod am Kreuz zu allen nur erdenklichen Formen der **Mystifizierung** ein. Kirchen- und Religionsgründer, Gottessohn, Heiliger, Messias – Jesus hat auch im 21. Jahrhundert an Einfluss und Faszination nicht verloren.

Was aber bleibt von Jesus, wenn man die Mythen aufzudecken sucht, hinter die Kulissen der christlichen Kirchengeschichte blickt und nach der **Glaubwürdigkeit der vorliegenden Quellen** fragt? Was bleibt, wenn man unterscheidet zwischen den interpretierten und angenommenen **Jesus-Identitäten** und dem, was man wirklich über seine Person weiß?

Die **Materialien für den konfessions- und religionsunabhängigen Unterricht** blicken zunächst auf die Quellen, die von ihm berichten. Zahlreiche Info- und Arbeitsblätter zur Bibelgeschichte ermöglichen Jugendlichen, sich mit Entstehung, Überlieferung und Beweiskraft der vier Evangelien auseinander zu setzen. Gleichzeitig stehen nichtbiblische Texte, apokryphe Schriften genauso wie der Koran und Talmud oder extrareligiöse Dokumente zur Diskussion. Was wird hier über den **Menschen Jesus** erzählt und wo liegen die Unterschiede zu den Texten der Bibel? Wo hören **historische Fakten** auf und beginnt der Glaube an nicht belegte Wahrscheinlichkeiten? Detailliert werden anhand verschiedener Quellentexte, chronologischer Zeitleisten, unterschiedlicher Forschungsmeinungen und zahlreicher Informationsmaterialien die ersten drei Jahrhunderte der christlichen **Kirchengeschichte** aufgeschlüsselt. Wie wurde aus Jesus von Nazareth der Messias, Sohn Gottes und Gründer einer **Weltreligion**? Schritt für Schritt begleiten Jugendliche die ersten Jünger Jesu, eine junge jüdische Gemeinschaft in Jerusalem, auf ihrem Weg zu einer neuen christlichen Gemeinde, die von Rom aus die Welt erobert und schließlich 380 n.Chr. zur **Staatskirche** ausgerufen wird.

Die **verschiedenen Jesus-Bilder** in unserer Gegenwart werden dabei mit den historischen Dokumenten und den überlieferten Worten Jesu kontrastiert. Seine ersten Jünger wie Paulus, Johannes und Petrus werden ebenso thematisiert wie moderne Gemeinschaften, die glauben, in der Nachfolge Jesu zu handeln.

Jesus im Kino, im Internet, im Comic, Jesus als Tattoo, als Spielzeug, als Held im Computerspiel: In allen Bereichen der Moderne taucht der Gottessohn auf und wird als gewinnbringendes Produkt vermarktet. Gerade dieser Vergleich zwischen Vergangenheit und Aktualität der Jesus-Figur erlaubt es den Jugendlichen, sich mit ihrer Deutung, ihrer Interpretation und auch ihrer möglichen Instrumentalisierung auseinander zu setzen.

Zahlreiche Zitate von Religionswissenschaftlern, Journalisten und Schriftstellern zeigen dabei, wie unterschiedlich Meinungen über diese zentrale Figur des christlichen Glaubens ausfallen können. Kritische, zweifelnde und bisweilen auch gezielt **provokative Stimmen** wie die eines Rudolf Augsteins oder Eugen Drewermanns werden bewusst eingesetzt, um Jugendliche mit allen Seiten der Diskussion zu konfrontieren, die gegenwärtig in auffallender Regelmäßigkeit in allen vorhandenen Medien geführt wird.

Die Aufgabenstellungen sind dabei religionsübergreifend formuliert und fordern auf, eigenes Wissen zu überprüfen, möglichen Zweifeln nachzugehen und selbst kritische Fragen zuzulassen.

Sowohl in **Gruppen-, Partner- als auch Einzelarbeit** erschließen sich Schüler die historischen Eckpunkte der Kirchengeschichte, beschäftigen sich mit ihren zentralen Persönlichkeiten und werfen einen Blick auf die verschiedenen Jesus-Darstellungen in unserem Alltag.

„Wer ist Jesus?" bleibt dabei zwar durchgängig die zentrale Frage, soll aber bewusst zu keiner eindeutigen und einzig gültigen Antwort führen. Allerdings werden alle relevanten Argumente aufgeführt und schülergerecht erklärt, die bei der Auseinandersetzung mit dieser Frage jedem Einzelnen die Möglichkeit geben, **individuelle Antworten** zu finden.

Kapitel 1

MICHELANGELO CARAVAGGIO: CHRISTUS IN EMMAUS (CA. 1600)

Woher wissen wir von Jesus?

- **Was wissen wir eigentlich?**
- **Historische Fakten**
- **Bibelgeschichten**
- **Entstehung des Neuen Testaments**
- **Die Evangelien**
- **Apokryphe Schriften**
- **Nichtbiblische Quellen**

Warum uns dieser Mann nicht loslässt

> „Zu den Grundlagen der abendländischen Kultur gehört eine brutale Geschichte von Verrat, Folter und Mord. Der Fall Jesus Christus [...] fesselt die Menschen noch immer: Scharlatan, Heiland, Produkt der Phantasie?"
>
> (Der Spiegel, 16/2004. S. 154.)

> „Jesus. Warum uns dieser Mann nicht loslässt."
>
> (P.M. 12/2004)

> „Die berühmte Weihnachtsgeschichte des Evangelisten Lukas, einer der Vorlese-Hits dieser Tage, weckt beim einen tiefe religiöse Gefühle, für den anderen ist sie kirchlicher Kitsch. Historisch ist die Story Fiktion – genauso wie die drei Weisen aus dem Morgenland dem Reich der Legende entstammen."
>
> (Focus 52/2003. S. 75.)

> „Das war Jesus. Stand der Forschung: Jesus war 1,81 Meter groß, wog 80 kg und hatte die Blutgruppe AB. Lässt sich die Auferstehung beweisen oder widerlegen?"
>
> (Focus 16/1998. S. 124.)

> „Wer war Jesus? Um das Jahr 30 predigt in einem entlegenen Winkel des Römischen Reiches ein Mann, der eine Weltreligion begründet: Jesus von Nazareth."
>
> (Geo 01/2004. S. 138.)

> „Die Not der Verkündiger legt manchen einen Ausverkauf zu ermäßigten Preisen nahe. Jesus darf sein, was von ihm ankommt. Diesen Verkündigern wiederum arbeitet eine Theologie in die Hände, die alles Fremde, Steile, Anstößige, Unbequeme, Unverständlich, Mystische ablöst, bis nur noch ein allgemeines moralisches Vorbild von ihm bleibt – ein dünnblütiger, papierener Schulbuch-Jesus, der 99 Prozent der Jugendlichen gleichgültig ist ..."
>
> (Aus: Klaus Berger: Jesus, Pattloch 2004. S. 471.)

▌Auf seinen Namen beziehen sich 2 Milliarden Menschen weltweit. Gibt man im Internet unter **www.google.de** Jesus als Suchwort ein, erhält man 10 200 000 Treffer. Zum Vergleich: Der Name unseres Bundeskanzlers Gerhard Schröder löst 1 170 000 Treffer aus, während Europas größter Popstar Robbie Williams immerhin auf 3 350 000 Treffer kommt. Würde man eine Straßenumfrage machen, um herauszufinden, wie viele Menschen Jesus kennen oder mit dem Namen etwas anfangen können, erreicht man wohl annähernd die 100 % – Obergrenze. Aber kennt man jemanden, wenn man ein paar Geschichten über ihn weiß? Kennt man jemanden, nur weil man seinen Namen kennt?

Also: Wer ist Jesus?

© Verlag an der Ruhr ▪ Postfach 10 22 51 ▪ 45422 Mülheim an der Ruhr ▪ www.verlagruhr.de ▪ ISBN 3-86072-923-3

Aufgaben:

◎ Wer ist Jesus? Veranstaltet eine Schnell-Fragerunde, in der jeder die Frage möglichst spontan und kurz beantwortet. Erzählt das, was euch am schnellsten einfällt.
Ein paar von euch sollten die Antworten notieren oder auf einem Plakat festhalten. Welche Antworten wiederholen sich? Worin sind sich viele von euch einig, worin überhaupt nicht?

◎ Diskutiert gemeinsam die Charakterisierungen von Jesus in den Zeitschriften-Texten oben. Welchen stimmt ihr zu und welche haltet ihr für völlig falsch? Falls ihr unterschiedlicher Meinung seid, versucht, Argumente für euren Standpunkt zu nennen.

Was wissen wir eigentlich?

▌Was wissen wir überhaupt über Jesus? Mit dem folgenden Quiz
kann jeder sein eigenes Wissen selbst überprüfen.

1. In welchem Buch der Bibel kommt Jesus vor?

a) Das Buch Genesis *(Das erste Buch Mose)* .... ☐

b) Das Buch Hiob .... ☐

c) Der Brief des Apostels Paulus an die Römer .... ☐

**2. Was bedeutet der Name „Jesus"
wörtlich übersetzt?**

a) Gott rettet .... ☐

b) Sohn Gottes .... ☐

c) Knecht Gottes .... ☐

3. Was bedeutet „Christus" wörtlich übersetzt?

a) Sohn Gottes .... ☐

b) Heilsbringer .... ☐

c) der Gesalbte .... ☐

4. Wer waren die Eltern Jesu?

a) Martha und Josef .... ☐

b) Maria und Jakob .... ☐

c) Maria und Josef .... ☐

**5. In welchem Buch der Bibel steht
die Weihnachtsgeschichte?**

a) Psalmen .... ☐

b) Lukasevangelium .... ☐

c) Offenbarung des Johannes .... ☐

**6. An welchem Tag feiern die Christen
die Geburt Jesu?**

a) 1. Advent .... ☐

b) 1. Weihnachtstag .... ☐

c) Dreikönigstag .... ☐

7. Wann wurde Jesus geboren?

a) ca. 4 v. Chr. .... ☐

b) im Jahr 0 .... ☐

c) ca. 3 n. Chr. .... ☐

8. Wer taufte Jesus?

a) sein Vater .... ☐

b) Johannes .... ☐

c) Petrus .... ☐

9. Welcher Religion gehörte Jesus an?

a) Judentum .... ☐

b) Christentum .... ☐

c) ohne Religionszugehörigkeit .... ☐

**10. Welcher König gilt als ein
Vorfahre Jesu?**

a) Herodes .... ☐

b) Augustus .... ☐

c) David .... ☐

11. In welchem Dorf wuchs Jesus auf?

a) Bethlehem .... ☐

b) Nazareth .... ☐

c) Kana .... ☐

12. Wie viele Jünger hatte Jesus?

a) 11 .... ☐

b) 12 .... ☐

c) 13 .... ☐

© Verlag an der Ruhr ▪ Postfach 10 22 51 ▪ 45422 Mülheim an der Ruhr ▪ www.verlagruhr.de ▪ ISBN 3-86072-923-3

Was wissen wir eigentlich?

13. Welches Gebet hat Jesus gelehrt?

a) Ave Maria .... ☐

b) Credo *(Glaubensbekenntnis)* .... ☐

c) Vaterunser .... ☐

14. In welchem Buch kommt Jesus vor?

a) im Buch Salomon .... ☐

b) im Koran .... ☐

c) im Alten Testament .... ☐

15. In welchem Land lebte Jesus?

a) Ägypten .... ☐

b) Syrien .... ☐

c) Palästina .... ☐

16. Wie heißt die berühmteste Rede von Jesus?

a) Talrede .... ☐

b) Bergpredigt .... ☐

c) Jerusalemer Rede .... ☐

17. Welcher Ausspruch stammt von Jesus?

a) „Auge um Auge, Zahn um Zahn." .... ☐

b) „Ich kam, sah und siegte." .... ☐

c) „Wer nicht für mich ist, der ist gegen mich." ...... ☐

18. In welcher Stadt hielt Jesus mit seinen Jüngern das „letzte Abendmahl"?

a) Emmaus .... ☐

b) Nazareth .... ☐

c) Jerusalem .... ☐

19. Wer verurteilte Jesus zum Tode?

a) Pontius Pilatus .... ☐

b) Hohepriester Kaiphas .... ☐

c) Kaiser Augustus .... ☐

20. Wo wurde Jesus gekreuzigt?

a) am See Genezareth .... ☐

b) auf dem Ölberg .... ☐

c) auf dem Berg Golgota .... ☐

21. An welchem Tag feiern die Christen die Auferstehung Jesu?

a) Ostersonntag .... ☐

b) Gründonnerstag .... ☐

c) Christi Himmelfahrt .... ☐

Aufgaben:

◉ Kontrolliert jetzt eure Ergebnisse. Gibt es Fragen, die falsch beantwortet wurden, obwohl ihr euch eigentlich ganz sicher wart? Welche Antworten überraschen euch vollkommen? Was hattet ihr eigentlich erwartet?

◉ Besprecht gemeinsam, woher euer Wissen über Jesus stammt? Wo seid ihr bisher mit ihm konfrontiert worden? Wie viel habt ihr selbst in der Bibel gelesen?

© Verlag an der Ruhr ■ Postfach 10 22 51 ■ 45422 Mülheim an der Ruhr ■ www.verlagruhr.de ■ ISBN 3-86072-923-3

Hintergründe, Fakten, Meinungen

Gibt es historische Tatsachen?

▌Ob gläubig oder nicht-gläubig: Trotz aller Zweifel an einem historischen Jesus lässt sich der Stellenwert und der historische Einfluss dieser Figur kaum leugnen. Jesus und der Glaube an ihn prägen Politik, Kunst, Wissenschaft, Religion und Kultur im Allgemeinen. Verglichen mit dem Einfluss und der Wirkung, die Jesus in unserem Kulturraum besitzt, ist das historisch gesicherte Wissen über diesen Mann aus Nazareth eher gering. Allerdings steht fest, dass es einen historischen Jesus gab, der nicht nur in der Bibel erwähnt ist.

Was wissen wir denn wirklich über den Menschen Jesus? Was lässt sich beweisen, wenn man nicht einfach bloß der Bibel glauben will?

Die heutige Wissenschaft erkennt die folgenden **12 Behauptungen** fast einstimmig als historisch gesicherte Tatsachen an. Sie gründen auf einer sehr genauen und ausführlichen Beschäftigung mit der Zeitgeschichte, aus der Erforschung historischer und archäologischer Quellen und auch aus dem Abgleich der vier Evangelien (vgl. S. 19ff.).

Aber was beweisen ...

1. Jesus war Jude. Er stammte aus Nazareth in Galiläa. Dort wuchs er auch auf. Seine Muttersprache war Aramäisch.

2. Jesus wurde einige Jahre vor unserer Zeitrechnung geboren – ca. 4 v.Chr. Er hatte Geschwister, wahrscheinlich vier Brüder (Jakobus, Josef, Judas und Simon) und mindestens zwei Schwestern.

3. Seine Eltern hießen Maria und Josef. Josef war Zimmermann und ist wahrscheinlich früh gestorben. Jesus, sein Sohn, erlernte vielleicht traditionsgemäß den Beruf des Vaters. Die Handwerkerfamilie gehörte zu den „einfachen Leuten" in Nazareth.

4. Jesus war Jude, wurde in der jüdischen Tradition und im jüdischen Glauben erzogen, d.h. er wurde als Säugling beschnitten, in der Synagoge unterrichtet und nahm an allen jüdischen Festen teil. Nach dem 12. Lebensjahr verliert sich jede Spur von Jesus.

5. Mit ungefähr 30 Jahren ließ Jesus sich von einem Prediger namens Johannes im Jordan taufen. Jesus blieb zunächst als Schüler bei Johannes.

6. Danach begann Jesus selbst zu reisen. Auch er predigte, sprach zu den Menschen und versuchte zu helfen. Dabei wanderte er durch das damalige Palästina, vor allem aber durch Galiläa. Das Zentrum seines Wirkens war die Gegend um den See Genezareth.

7. Jesus' Reisen und seine Auftritte als Prediger dauerten vermutlich nur ein Jahr.

8. Er war mit einer unbekannten Zahl von Schülern ohne festen Wohnsitz unterwegs. Historisch sicher ist, dass er zum Zeitpunkt seines Todes eine Gruppe von treuen Anhängern besaß.

9. Jesus erregte öffentliches Aufsehen. Er heilte wahrscheinlich Kranke (Lepra, Epilepsie etc.) und machte sich bald Feinde, weil er Menschen zusammenbrachte, die eigentlich nichts gemeinsam hatten: Reiche mit Prostituierten, Kleinbauern oder Aussätzigen.

... die historischen Quellen? ▸▸

© Verlag an der Ruhr ▪ Postfach 10 22 51 ▪ 45422 Mülheim an der Ruhr ▪ www.verlagruhr.de ▪ ISBN 3-86072-923-3

▸▸ **10.** Anfang April des Jahres 30 reiste Jesus nach Jerusalem zum Passah-Fest. Am 5. April provozierte er einen Aufruhr im Tempel, weil er die Händler dort angriff. Im Vorhof des Tempels waren immer Händler, die Lämmer und andere reine Opfertiere verkauften. Diese Händler waren ausdrücklich vom Hohepriester geduldet und gehörten zum Tempel. Jesus aber wirft ihnen vor, den Tempel Gottes zu missbrauchen, stößt die Tische der Händler um und sorgt damit für große Unruhe – ausgerechnet kurz vor dem höchsten jüdischen Feiertag und direkt unter den Augen der römischen Besatzer. Damit macht er sich den jüdischen Hohepriester Kaiphas zum Feind.

11. In Absprache mit Kaiphas verurteilt der damalige römische Stadthalter Pilatus Jesus aus angeblich politischen Gründen zum Tode. Pontius Pilatus war seit dem Jahr 26 auch der oberste Richter und arbeitete eng mit dem jüdischen Hohepriester zusammen. Überlieferte Dokumente stellen Pilatus als unnachgiebig, bestechlich und äußerst gewalttätig dar.

12. An einem Freitag vor dem jüdischen Passah-Fest ca. um 30 n.Chr. wurde er von römischen Soldaten gekreuzigt.

(QUELLE: Z.B. FRIEDRICH-WILHELM MARQUARDT: WAS WIR VON JESUS WISSEN.
IN: PUBLIK FORM 6/1992; CAY RADEMACHER: WER WAR JESUS? IN: GEO 01/2004.)

Kein Wort eines zeitgenössischen nichtchristlichen Schriftstellers ist also [in der Bibel] überliefert, das von Jesu Wirken und Tod berichtet, obwohl doch, nach den berichteten Wundern zu urteilen, der Eindruck auf die Zeitgenossen in Jerusalem nachhaltig hätte sein müssen. Berichtet wird in den Evangelientexten, daß bei Jesu Kreuzigung

▸ *der Tempelvorhang von oben bis unten entzweiriß,*

▸ *eine außerplanmäßige Finsternis von der sechsten bis zur neunten Stunde (zwölf Uhr bis drei Uhr mittags) eintrat,*

▸ *die Erde bebte,*

▸ *viele Verstorbene aus den Gräbern stiegen und vielen Lebenden erschienen.*

(AUS: RUDOLF AUGSTEIN: JESUS MENSCHENSOHN, DTV 2003. S. 18.)

Aufgabe:

◉ Lest diese historisch gesicherten Behauptungen sorgfältig durch und verfasst eine kurze Biografie des Menschen Jesus. Welche Lücken fallen euch im Lebenslauf auf?

© Verlag an der Ruhr ▪ Postfach 10 22 51 ▪ 45422 Mülheim an der Ruhr ▪ www.verlagruhr.de ▪ ISBN 3-86072-923-3

Der biblische Jesus

▌ Die bekanntesten Schriften und wichtigsten Dokumente über Jesus sind die Evangelien im Neuen Testament. Unabhängig von der sicherlich berechtigten Frage, wie zuverlässig die Bibel als historische Quelle überhaupt ist, entwerfen die Evangelien ein ganz eigenes Bild von Jesus. Wie also sieht der biblische Jesus aus?

Aufgabe:

◎ Erstellt selbst den biblischen Steckbrief Jesu, indem ihr seinen Lebensweg noch einmal im Neuen Testament nachlest. Welche Informationen liefern die Evangelien über den Menschen Jesus und sein Umfeld? Die Bibelstellen in den Klammern geben euch einen Hinweis, wo ihr z.B. nachschlagen könnt.

Biblischer Steckbrief

- Name
- Titel *(Mt 1,16; Lk 2,11)*
- Eltern *(Mt 1,18)*
- Geschwister *(Mk 6,3)*
- Geboren in *(Mt 2,1; Lk 2,4–7)*
- Jüdisches Ritual bei Neugeborenen *(Lk 2,21)*
- Aufgewachsen in *(Lk 4,16)*
- Erlernter Beruf *(Mk 6,3)*
- Wichtiges Ereignis *(Mk 1,9)*
- Beginn seines Wirkens als Prediger/Botschafter/Messias *(Mk 1,14–15; Mt 4,12–17)*
- Tätigkeiten *(Mt 4,23–25; Mk 3,7–12)*
- Seine Anhänger *(Mk 3,13–19; Lk 8,1–3)*
- Verhaftet durch *(Mk 14,43–46)*
- Verurteilt von *(Mk 15,12–15)*
- Gründe für die Verurteilung *(Mk 15,26)*
- Todesart *(Mk 15,24–37)*
- Ort des Todes *(Mk 15,22)*
- Wochentag des Todes *(Mk 15,42)*
- Zeitpunkt des Todes *(Mk 15,34)*
- Beerdigt am *(Mk 15,46)*
- Beerdigt in *(Mt 27,57–60)*
- Ereignisse nach seinem Tod *(Mk 16,1–8; Mt 27 u. 28)*

Aufgabe:

◎ Vergleicht die Ergebnisse eurer „Bibelsuche" mit den 12 historisch gesicherten Behauptungen. Fallen jetzt schon wichtige Unterschiede oder Gemeinsamkeiten auf?

© Verlag an der Ruhr ▪ Postfach 10 22 51 ▪ 45422 Mülheim an der Ruhr ▪ www.verlagruhr.de ▪ ISBN 3-86072-923-3

Das Neue Testament

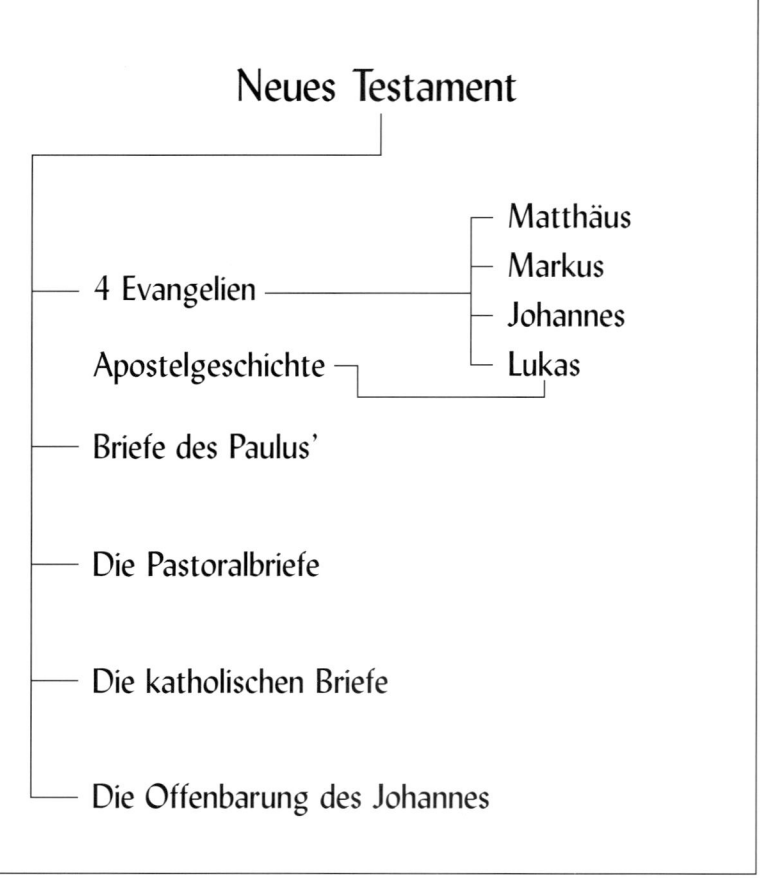

Neues Testament

- 4 Evangelien ─── Matthäus
- Markus
- Johannes
- Apostelgeschichte ─── Lukas
- Briefe des Paulus'
- Die Pastoralbriefe
- Die katholischen Briefe
- Die Offenbarung des Johannes

Apostelgeschichte

Sie ist zeitlich nach den vier Evangelien nach Markus, Matthäus, Lukas und Johannes zwischen 80 und 90 n. Chr. wahrscheinlich vom Verfasser des Lukas-Evangeliums geschrieben worden. Hier wird von den ersten Jahrzehnten nach der Auferstehung Jesu erzählt, von seinen Jüngern und Aposteln und der wachsenden christlichen Missionierung.

Briefe des Paulus/ Paulinischen Briefe

Dabei handelt es sich um 14 Briefe, die nachweislich von Paulus verfasst sind oder aber einen deutlichen Bezug zu ihm zeigen. Die Briefe gelten heute als früheste christliche Dokumente, die ca. in den Jahren **50–60 n. Chr.** verfasst worden sind. Die Briefe an die Korinther, Galather, Römer, Thessaloniker oder Philipper handeln vor allem von der christlichen Aufgabe, nicht nur Juden, sondern auch Heiden zum Christentum zu bekehren. Gerade Paulus ist dadurch mitverantwortlich an der weiteren Entwicklung des Christentums, das sich von der jüdischen Religion immer mehr löst. In wissenschaftlichen Kreisen wird Paulus daher oft als Gründer des nichtjüdischen Christentums bezeichnet. Die Briefe stammen aus der Missionszeit des Paulus', als er umherreist, um die Botschaft Jesu vor allem Nicht-Juden nahe zu bringen. Damit ist er eine Gegenfigur zu Petrus, der diese Botschaft ausschließlich an jüdisch und damit im gleichen Glauben wie Jesus Getaufte weitergibt.

Die Bibel als Quelle

Die wichtigste Quelle sowohl für Historiker als auch für Theologen für die Frage nach der Identität Jesu ist und bleibt das **Neue Testament der Bibel**. Neben den vier Evangelien nach **Markus, Matthäus, Lukas** und **Johannes** liefern vor allem die Briefe des Paulus' und die wahrscheinlich vom Autor des Lukas-Evangeliums verfasste Apostelgeschichte die wichtigsten Erkenntnisse über Jesus und sein Leben. Die Bibel stellt **kein einheitlich verfasstes Buch** dar. Sowohl das Alte als auch das Neue Testament präsentieren eine Sammlung von Texten, die in den Jahrhunderten nach Jesus in einem Buch zusammengefasst und dadurch weiter überliefert wurden. Die einzelnen Texte des Neuen Testaments sind in erster Linie zum Zweck der **Missionierung**, also zur Weitergabe der Botschaft Jesu verfasst worden. Auch die **Zielgruppen** waren unterschiedlich. Während **Paulus** über den vorderasiatischen Raum hinaus nicht nur Juden, sondern auch Heiden im heutigen Südosteuropa zu erreichen versucht, richtet sich der Verfasser des Markus-Evangeliums eher an die jüdische Urgemeinde in Jerusalem. Um die Texte der Bibel zu verstehen, vor allem aber deuten zu können, muss die Entstehungsgeschichte dieser Texte klar werden. Die Evangelien sind nicht geschrieben worden als Geschichtsbuch (obwohl sie Jesus „beweisen" wollten) und schon gar nicht als Teil eines Buchprojektes mit dem Titel „Neues Testament". Die in der Bibel dargebotene Botschaft von Jesus ist nicht eine tatsächlich überbrachte, sondern zeigt den christlichen Glauben in seinen verschiedenen Stadien.

© Verlag an der Ruhr ▪ Postfach 10 22 51 ▪ 45422 Mülheim an der Ruhr ▪ www.verlagruhr.de ▪ ISBN 3-86072-923-3

Entstehung des Neuen Testaments

Von der mündlichen Überlieferung zur Schrift

Während der ersten 150 Jahren nach Jesu Tod ging es seinen Nachfolgern einfach nur darum, seine Lehre und sein Andenken lebendig zu halten. Das geschah vor allem mündlich. Aber je länger man auf Christus' angekündigte Wiederkehr wartete, desto klarer wurde, dass es sinnvoll sein könnte, sich in der Zwischenzeit Notizen zu machen und die Erinnerung schriftlich zu sichern; außerdem waren Kontakte zu den einzelnen Gemeinden oftmals nur schriftlich aufrechtzuerhalten.

Das neu auftretende Problem dabei war, dass mit der Zeit auch die verschiedenen schriftlichen Interpretationen der „wahren Lehre Jesu" immer zahlreicher wurden. Konflikte waren also vorprogrammiert, denn jede Interpretation beanspruchte natürlich für sich Allgemeingültigkeit. (Diese Konflikte der Urkirche sind z.B. belegt in der Apostelgeschichte und den Briefen des Paulus.) Diese Konflikte hat es auch in anderen Religionen mit einem Stifter gegeben, so z.B. im Buddhismus (verschiedene buddhistische Schulen) oder im Islam (Trennung in Sunniten und Schiiten).

Kanonisierung der Bibeltexte

Die Schriften, die entstanden, hatten am Anfang nichts Heiliges, sie wurden immer noch verändert, es wurden Textteile gestrichen und hinzugefügt, gerade so, wie es der jeweilige Benutzer für sich als richtig empfand. Im Laufe der Zeit setzten sich einige dieser schriftlichen Zeugnisse über ihren Gebrauch in den Gemeinden hinaus immer mehr durch, andere wurden gemieden, weil sie bei Häretikern (Irrgläubigen) großen Anklang fanden oder weil sie einen zu speziellen Adressatenkreis hatten (wie etwa das Petrus-Evangelium, das sich nur an Juden-Christen richtete). Eingriffe von Obrigkeiten, durch staatliche Macht- oder kirchliche Würdenträger waren allerdings nicht der Grund für die Entstehung des Kanons (also der offiziellen Liste aller gültigen Schriften des Neuen Testaments), sondern waren eine Reaktion auf die Entwick- lung in den Gemeinden. Im Wesentlichen abgeschlossen war diese Kanonbildung im westlichen römischen Reich Ende des 3. Jahrhunderts und das Ergebnis entsprach nun im Wesentlichen unserem noch heute gültigen Neuen Testament. Einen später belegten Streit gab es nur noch um die „Apokalypse des Johannes" und den „Hebräerbrief". Im Jahr 367 n. Chr. legte Bischof Athanasius von Alexandrien die auch heute gültigen 27 Schriften des Neuen Testaments in seinem **39. Oster-Festbrief** als kanonisch fest. Er schrieb:

> „Dieses sind die Quellen des Heils, auf dass sich der Dürstende an ihnen mehr als genug labe. In ihnen allein wird die Lehre der Frömmigkeit verkündet. Niemand soll ihnen etwas hinzufügen oder etwas von ihnen entfernen …"

❙ Welche Schrift schaffte es in den Kanon? Wonach wählte man aus?

- **Apostolizität**, d.h. es sollte eine Rückführung auf einen Apostel oder Apostelschüler möglich sein, allerdings reichte manchmal auch schon die zweite oder dritte Generation. Auch wenn das oftmals nur durch einfache Zuschreibung geschah (vgl. Überblick der Evangelien S. 16–18).

- Hohes **Alter der Schrift** (wurde mit den Jahren immer wichtiger) und Geschichtlichkeit (kein Mythos, keine Phantasterei).

- **Übereinstimmung** mit dem Alten Testament. Alle Prophezeiungen mussten auf Jesus beziehbar sein.

- **Langer Gebrauch** in den Gemeinden.

- **Moralischer und religiöser Nutzwert** der Texte; ein Christ musste aus allem etwas für seine Lebensführung lernen können.

- **Inspiriertheit** vom göttlichen Geist.

PALÄSTINA ZU JESU LEBZEITEN

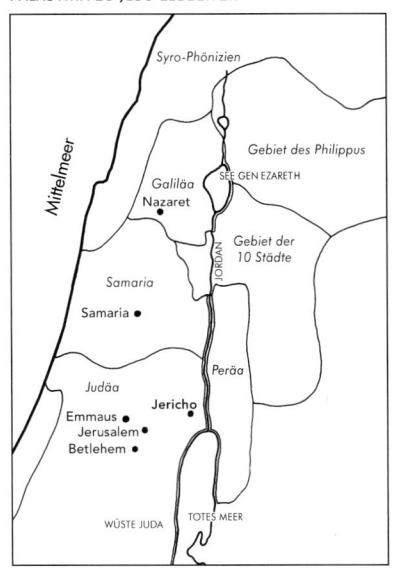

Syro-Phönizien

Mittelmeer

Gebiet des Philippus

Galiläa
Nazaret

SEE GEN EZARETH

JORDAN

Gebiet der 10 Städte

Samaria

Samaria •

Peräa

Judäa

Jericho •

Emmaus •
Jerusalem •
Betlehem •

WÜSTE JUDA

TOTES MEER

© Verlag an der Ruhr ▪ Postfach 10 22 51 ▪ 45422 Mülheim an der Ruhr ▪ www.verlagruhr.de ▪ ISBN 3-86072-923-3

Die Evangelien – Überblick

Was heißt „Evangelium"?

Das Wort **„Evangelium"** ist mehrdeutig. Es stammt aus dem Griechischen (euangelion) und bedeutet so viel wie „frohe Nachricht".

Der Einzahlbegriff „das Evangelium" meint einen ganz bestimmten theologischen Begriff: Die Botschaft, dass Gott die Welt durch Jesus gerettet hat, ist „das Evangelium". Daneben spricht man von **„den Evangelien"**. Dabei handelt es sich um die ersten vier Bücher des Neuen Testaments, die in den letzten dreißig Jahren des ersten Jahrhunderts n. Chr. geschrieben wurden und die hauptsächliche Quelle für unsere heutigen Vorstellungen von Jesus von Nazareth darstellen.

Die Bibel unterscheidet zwischen den Evangelien nach Matthäus, Markus, Lukas und Johannes. Die Originalsprache der vier Evangelien ist griechisch.

Mythos „Evangelium"

Um die Evangelien ranken sich immer noch viele falsche Vorstellungen von ihrer Entstehung und ihrer Verfassern, z.B.:

* Die Evangelisten sind vier der 12 Apostel.
* Der Evangelist Johannes ist Johannes der Täufer.
* Die Evangelisten kannten sich.
* Die Evangelien wurden irgendwann ausgegraben und dann vollständig veröffentlicht.
* Es gibt vier Evangelien.

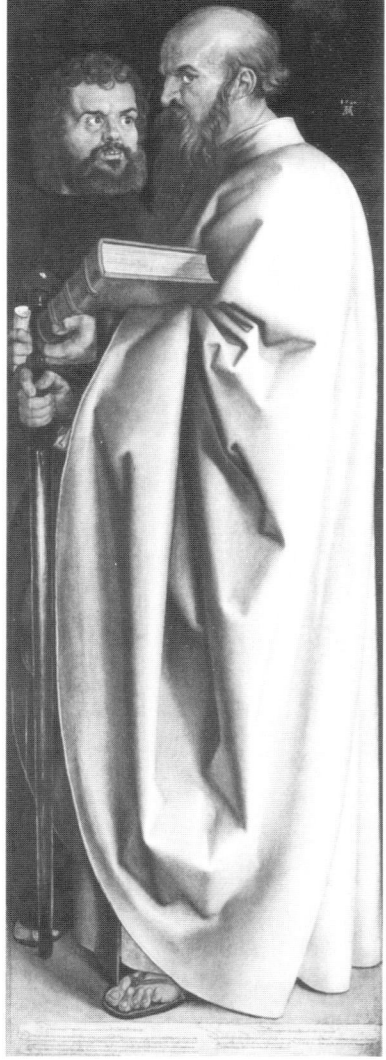

ALBRECHT DÜRER: DIE VIER APOSTEL, RECHTER TEIL, DIE HEILIGEN MARKUS UND PAULUS (1526)

Aufgabe:

◎ Was sagt ihr zu diesen Behauptungen. Stimmen sie oder fallen euch Gegenargumente ein?

„Markus erzählt die Geschichte eines bewunderungswürdigen Menschen. Etwa zehn Jahre später macht sich ein gewisser Matthäus an die Arbeit. Und schon beginnt, noch vorsichtig, ein bedeutungsvoller Prozess: die Vergöttlichung Jesu. Matthäus, der den größten Teil des Markus-Evangeliums übernimmt, fängt an umzuschreiben, neu zu schreiben, hinzuzufügen. [...] Bei Matthäus fragt Jesus nicht mehr, er kennt bereits die Antworten. Der nächste Evangelist, Lukas (um 90 n. Chr.), schreibt die Vergöttlichung fort – und bei Johannes schließlich (frühestens 100 n. Chr.) ist sie vollendet."

(AUS: P. J. BLUMENTHAL: DER DRAMATISCHE WEG ZUR WELTRELIGION. P.M. 2/2005. S. 70.)

Aufgabe:

◎ Muss man sich dann nur an das Markus-Evangelium halten? Sind die anderen Evangelien überflüssig?

© Verlag an der Ruhr ▪ Postfach 10 22 51 ▪ 45422 Mülheim an der Ruhr ▪ www.verlagruhr.de ▪ ISBN 3-86072-923-3

Die synoptischen Evangelien

Die Evangelien nach Matthäus, Markus und Lukas ähneln sich in Aufbau und Inhalt so sehr, dass man sie leicht nebeneinander aufschreiben und vergleichen kann. Diese vergleichende Zusammenstellung heißt **„Synopse"** (Zusammenschau). Seit dem Ende des 18. Jahrhunderts nennt man diese drei Evangelien daher auch die „synoptischen Evangelien".
Das Johannes-Evangelium bildet eine Ausnahme, da es erstens anders aufgebaut ist und zweitens auch inhaltlich stark abweicht. Nur in der Passionsgeschichte (Leidensgeschichte) Jesu ähneln sich alle vier Evangelien.

„Auch in sehr liberalen Kreisen datieren Wissenschaftler das Markus-Evangelium in die siebziger Jahre des ersten Jahrhunderts, Matthäus und Lukas in die achtziger Jahre und Johannes in die neunziger Jahre. [...] Das alles liegt immer noch innerhalb der Lebensjahre verschiedener Zeitgenossen Jesu, inklusive einiger feindlich eingestellter Augenzeugen, die garantiert Einspruch erhoben hätten, wenn falsche Lehren über Jesus verbreitet worden wären. [...] Die zwei frühesten Biografien über Alexander den Großen wurden von Arrian und Plutarch verfasst, und zwar mehr als 400 Jahre nach dem Tod Alexanders des Großen im Jahr 323 vor Christus. [...] Historisch gesprochen, vor allem im Vergleich mit Alexander dem Großen, ist das Evangelium wie eine brandaktuelle Nachrichtenmeldung."

(AUS: LEO STROBEL: DER FALL JESUS. WILLOW CREEK 1999. S. 38F.)

Die 2-Quellen-Theorie

Seit der zweiten Hälfte des 19. Jahrhunderts ist die so genannte „2-Quellen-Theorie" in der Bibelforschung offiziell anerkannt. Aufgrund der großen inhaltlichen Übereinstimmung zwischen den Evangelien nach Matthäus, Markus und Lukas geht man davon aus, dass Lukas und Matthäus beide als Vorlage das Markus-Evangelium benutzt haben. Daneben muss es aber eine weitere Quelle (Q) gegeben haben, die beiden Evangelisten vorlag. Durch einen genauen Vergleich der übereinstimmenden Stellen in den unterschiedlichen Texten lässt sich der Inhalt dieser Quelle rekonstruieren. Scheinbar handelt es sich bei Q um eine Quelle von Jesu-Botschaften, die von den ersten christlichen Wanderpredigern gesammelt und verbreitet wurden.

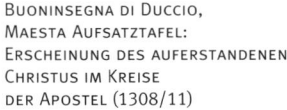

BUONINSEGNA DI DUCCIO, MAESTA AUFSATZTAFEL: ERSCHEINUNG DES AUFERSTANDENEN CHRISTUS IM KREISE DER APOSTEL (1308/11)

Die Synoptiker: Matthäus, Markus, Lukas

Die grobe inhaltliche Gliederung lässt sich bei den drei Evangelisten sehr gut vergleichen:

1. Die Anfänge *(Abstammung, Geburt Jesu)*	Mt 1f.		Lk1f.
2. Johannes der Täufer/Versuchung Jesu/ Jesu Wirken in Galiläa	Mt 3–18	Mk 1–8,26	Lk 3,1–9,50
3. Weg nach Jerusalem	Mt 19f.	Mk 8–10	Lk 9,51–19,27
4. Jesu Wirken in Jerusalem	Mt 21–25	Mk 11–13	Lk 19,28–21,38
5. Passion und Auferstehung	Mt 26–28	Mk 14–16	Lk 22–24

© Verlag an der Ruhr ▪ Postfach 10 22 51 ▪ 45422 Mülheim an der Ruhr ▪ www.verlagruhr.de ▪ ISBN 3-86072-923-3

Im Vergleich: Die Taufe Jesu

70 n. Chr. **Markus 1,9–11**	80 n. Chr. **Matthäus 3,13–17**	80–90 n. Chr. **Lukas 3,21–22**	90–100 n. Chr. **Johannes 1,29–34**
In jenen Tagen kam Jesus aus Nazaret in Galiläa und ließ sich von Johannes im Jordan taufen. Und als er aus dem Wasser stieg, sah er, dass der Himmel sich öffnete und der Geist wie eine Taube auf ihn herabkam. Und eine Stimme sprach: Du bist mein geliebter Sohn, an dir habe ich Gefallen gefunden.	Zu dieser Zeit kam Jesus von Galiläa an den Jordan zu Johannes, um sich von ihm taufen zu lassen. Johannes aber wollte es nicht zulassen und sagte zu ihm: Ich müsste von dir getauft werden, und du kommst zu mir? Jesus antwortete ihm: Lass es nur zu! Denn nur so können wir die Gerechtigkeit (die Gott fordert) ganz erfüllen. Da gab Johannes nach. Kaum war Jesus getauft und aus dem Wasser gestiegen, da öffnete sich der Himmel, und er sah den Geist Gottes wie eine Taube auf sich herabkommen. Und eine Stimme aus dem Himmel sprach: Das ist mein Sohn, an dem ich Gefallen gefunden habe.	Zusammen mit dem ganzen Volk ließ auch Jesus sich taufen. Und während er betete, öffnete sich der Himmel, und der Heilige Geist kam sichtbar in Gestalt einer Taube auf ihn herab, und eine Stimme aus dem Himmel sprach: Du bist mein geliebter Sohn, an dir habe ich Gefallen gefunden.	Am Tag darauf sah er [Johannes] Jesus auf sich zukommen und sagte: Seht, das Lamm Gottes, das die Sünde der Welt hinwegnimmt. Er ist es, von dem ich gesagt habe: Nach mir kommt ein Mann, der mir voraus ist, weil er vor mir war. Auch ich kannte ihn nicht; aber ich bin gekommen und taufe mit Wasser, um Israel mit ihm bekannt zu machen. Und Johannes bezeugte: Ich sah, dass der Geist vom Himmel herabkam wie ein Taube und auf ihm blieb, Auch ich kannte ihn nicht; aber er, der mich gesandt hat, um mit Wasser zu taufen, er hat mir gesagt: Auf wen du den Geist herabkommen siehst und auf wem er bleibt, der ist es, der mit dem Heiligen Geist tauft. Das habe ich gesehen und ich bezeuge: Er ist der Sohn Gottes.

> „Daß Jesus von Johannes getauft worden sei, berichten alle vier Evangelien. […] Doch hier steht in den vier Evangelien nicht ganz das gleiche, und es zeigt sich ein eindeutiger Trend vom ersten bis zum letzten: Je später ein Evangelium geschrieben wurde, desto weniger will sein Autor wahrhaben, daß sich Jesus, durch seine Einreihung in die bußwilligen Israeliten dem Täufer unterordnet […]"
>
> (RUDOLF AUGSTEIN: JESUS MENSCHEN-SOHN. DTV 2003. S. 20.)

Zur Diskussion:

◎ Wird Jesus erst durch die Evangelien selbst zum Sohn Gottes, der die Sünden der Welt mit sich nimmt?

◎ Warum verschweigt Lukas Johannes den Täufer?

◎ Wie wichtig sind die Unterschiede zwischen den Evangelien? Was verraten sie eurer Meinung nach über die Bedeutung der Jesus-Figur für die unterschiedlichen Verfasser?

© Verlag an der Ruhr ■ Postfach 10 22 51 ■ 45422 Mülheim an der Ruhr ■ www.verlagruhr.de ■ ISBN 3-86072-923-3

Die Evangelien im Vergleich

© Verlag an der Ruhr ■ Postfach 10 22 51 ■ 45422 Mülheim an der Ruhr ■ www.verlagruhr.de ■ ISBN 3-86072-923-3

	Markus	Matthäus	Lukas	Johannes
Von wann?	Entstehung vermutlich um 70 n. Chr., denn die Tempelzerstörung und der Jüdische Krieg (69–71 n.Chr.) werden schon angedeutet.	Entstehung vermutlich um 80 oder 90 n.Chr., galt bis vor 200 Jahren noch als ältestes Evangelium.	Entstehung vermutlich zwischen 85 und 90 n.Chr.	Entstehung vermutlich zwischen 100 und 110 n.Chr.
Wer war der Autor?	Der Titel wurde erst später eingefügt und das Testament zunächst anonym überliefert. Um den Autor als einen echten Zeitzeugen darzustellen, nannte man ihn oft einen Begleiter und Übersetzer Petrus'. Tatsächlich aber war der Verfasser wahrscheinlich ein Heidenchrist, wofür z. B. seine mangelhaften geographischen Kenntnisse Palästinas und seine religiösen Vorstellungen sprechen.	Der Titel wurde erst später eingefügt und zunächst anonym überliefert. Da hier oft das Markus-Evangelium zitiert wird, kann man von einem Nichtaugenzeugen ausgehen, da ja der Verfasser des Markus-Evangeliums selbst kein Augenzeuge war.	Titel wurde erst später eingefügt, angeblich handelt es sich beim Verfasser um einen Arzt und Begleiter des Paulus, aber der Vergleich mit Paulus' Briefen spricht eigentlich gegen eine direkte Bekanntschaft. Der Autor war Heidenchrist und ist gleichzeitig auch der Verfasser der Apostelgeschichte.	Eine Übereinstimmung des Autors mit der Person des Jüngers Johannes ist unwahrscheinlich, da es sich beim Verfasser wohl auch nicht um einen direkten Augenzeugen handelt, sondern um eine Person, der die verschiedenen Überlieferungstraditionen schon bekannt waren. Redaktionelle Überarbeitung durch die so genannte „johanneische Schule" (Wissenschaft, die sich mit der Figur des Johannes beschäftigt).
Woher stammte der Autor?	Wahrscheinlich Syrien.	Wahrscheinlich aus dem syrischen Raum.	Völlig offen, in Frage kommen Rom, Syrien und auch Kleinasien.	Syrien (für diejenigen, die gnostische Einflüsse im Evangelium feststellen) und Ephesus (wenn diese gnostischen Einflüsse nicht festgestellt werden).
Quellenbezug	Der Text stützt sich nicht auf die Quellensammlung Q.	Markus-Evangelium und Quelle Q.	Markus-Evangelium und Variante der Quelle Q.	Markus-Evangelium, eventuell auch Matthäus und Lukas, verschiedene andere Quellen.
Thema	Aufruf, bereit zu sein für Leidensnachfolge Jesu. Alles ist auf Jesus als Christus, seine Passion und das Osterereignis ausgerichtet.	Jesus ist Gottes Sohn und außerdem direkter Nachfahre von König David. Vom eigenen Volk und seinen religiösen Führern abgelehnt, wendet Jesus sich Sündern und Heiden zu.	Hoffnung auf die baldige Wiederkehr Jesu, Warnung vor Nachlässigkeit im Glauben. Auseinandersetzung mit Armut und Reichtum, da Jesus vor zu viel Besitz warnt.	Jesus als der nachösterliche Gottessohn, der von der Welt nicht erkannt wird und sich selbst verkündet. Der historische Jesus spielt kaum eine Rolle.

Die Evangelien im Vergleich

Darstellung / Stil	Viele Wunderberichte und Exorzismen tauchen auf. Die Kindheitsgeschichte Jesu und die Spruchquelle Q (bei Matthäus und Lukas häufig zitiert) fehlen.	Weniger Wunderberichte als bei Markus, dort dargestellte Gefühlsausbrüche und anstößige Szenen sind hier entfernt worden. Der Stil ist sehr einheitlich und glatt und führt zu einem erzählerisch in sich geschlossenen Bericht.	Der Verfasser arbeitet einerseits als genauer Historiker (damals Geschichtsschreiber), spricht aber auch die Gefühle seiner Leser an.	Das Gottesreich ist keine Zukunft, sondern liegt in der (geistigen) Gegenwart Jesu, starke Ablehnung des Judentums, das Symbol ist für die Welt, die Jesus ablehnt.
Gliederung / Inhalt	**Drei Teile:** 1. Die Taten Jesu inner- und außerhalb Galiläas. 2. Jesu Weg zur Passion. 3. Jesus in Jerusalem.	**Vier Teile:** **Prolog:** Vorgeschichte, Kindheit und Taufe Jesu. 1. Die Taten Jesu in Galiläa. 2. Auf dem Weg nach Jerusalem und Voraussage der Passion. **Schlussteil:** Leidensgeschichte, Auferstehungsbericht, Jesu Erscheinung in Galiläa nach Ostern.	**Acht Teile:** 1. Grund für den Text. 2. Geburten Jesu und Johannes' und deren Ankündigung. 3. Vorbereitung der Taten Jesu. 4. Jesu Taten in Galiläa. 5. Jesu Reise nach Jerusalem. 6. Jesu Wirken in Jerusalem. 7. Jesu Passion. 8. Auferstehungserzählungen.	**Fünf Teile:** **Prolog** 1. Jesu Offenbarung in der Öffentlichkeit. 2. Jesu Offenbarung vor den Jüngern. 3. Passions- und Auferstehungsbericht. **Epilog** (z.T. erst später eingefügt), der die Taten des Auferstandenen schildert, z.B. die Einsetzung Petrus' in das Hirtenamt.
Zielgruppe	Überwiegend Heidenchristen aus dem griechisch sprechenden Milieu, denen er jüdische Bräuche und Begriffe in seinem Werk noch erklären musste.	Durch die griechische Kultur geprägte jüdische Gemeinden außerhalb Palästinas, die zwar mit Israel gebrochen, das Judentum aber nicht vollständig verworfen haben.	Heidenchristen und speziell ein gewisser Theophilus, der direkt angesprochen wird.	Eine Gemeinde, die dem Judentum nicht mehr verbunden ist.
Absicht	Möchte die Menschen vor allem durch die Schilderung vieler Wunderberichte von ihrem Unglauben abbringen. Die Jünger sind eher negativ dargestellt, wodurch Jesus selbst erhöht wird. Aber die Jünger erhalten die Vollmacht von Jesus. Die Probleme der Gegenwart der Gemeinde stehen im Vordergrund.	Umsetzung der Botschaft Jesu im Leben, die Jünger sind dabei das Vorbild. Der Text will Gemeinden stärken und Wege zeigen, wie Christen leben sollen.	Genaue Darstellung der Ereignisse, damit Theophilus sich selbst ein Urteil bilden kann. Die Schuld am Tod Jesu wird allein den Juden zugeschrieben, so dass die römischen Herrscher von der Verantwortung freigesprochen werden.	Enger Zusammenhang mit der Gnosis (s. S. 21); die Welt ist geteilt in Finsternis, in der Jesus nicht erkannt wird und in Licht, aus dem das Wort kommt.

© Verlag an der Ruhr ■ Postfach 10 22 51 ■ 45422 Mülheim an der Ruhr ■ www.verlagruhr.de ■ ISBN 3-86072-923-3

Apokryphe Schriften

Die Apokryphen

Die Bezeichnung „apokryph" stammt aus dem Griechischen und bedeutet „verborgen, heimlich". Damit sind Schriften gemeint, die biblischen Texten ähneln, aber von den Vertretern der Kirche nicht in den Kanon der Bibel aufgenommen wurden. Einige dieser apokryphen Schriften entstanden parallel zu den Texten, die heute zur Bibel gehören. Die Bibel, so wie sie heute vorliegt, ist damit das Ergebnis einer bewussten Auswahl durch die Kirche selbst. Abgesehen von dem hebräisch verfassten Buch *Jesus Sirach* liegen sämtliche dieser Schriften ausschließlich auf Griechisch vor. Man unterscheidet zwischen den Apokryphen des Alten Testaments und den Apokryphen des Neuen Testaments.

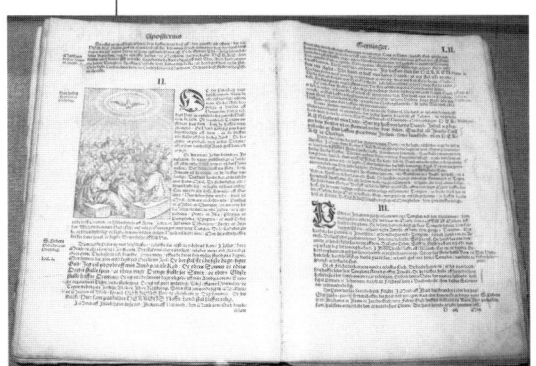

In Verruf sind apokryphe Texte vor allem deshalb geraten, weil gerade die „geheimen Bücher" der Gnostiker als Angriffe auf die offizielle kirchliche Lehre betrachtet wurden. Ende des 4. Jahrhunderts wurden in der gesamten Kirche sämtliche apokryphen Schriften verboten. Die Synode von Karthago verkündete 397 n. Chr., dass außer den kanonischen Schriften zukünftig nichts anderes mehr unter dem Namen „göttliche Schriften" verlesen werden sollte.

Gnosis und Gnostiker

„Gnosis" stammt aus dem Griechischen und bedeutet „Erkenntnis" oder „Wissen." Darunter versteht man eine geistige Richtung, die glaubt, das Heil allein durch die „wahre Erkenntnis" zu erlagen. Dieser Glauben war esoterisch geprägt und für Außenstehende oft kaum nachvollziehbar. Die Gnostiker glaubten, dass in jedem Menschen drei Menschen existieren. Der erste davon ein Sarkiker (fleischlicher Mensch), aus dem der Psychiker (seelischer Mensch) und anschließend der Pneumatiker (geistiger Mensch) hervorgeht. Jeder Mensch besitzt dabei die Möglichkeit, die dritte Stufe zu erreichen und als Pneumatiker die Wiedervereinigung mit dem Göttlichen zu vollziehen. Im zweiten und dritten Jahrhundert nach Christus verbreitete sich die gnostische Lehre im gesamten Mittelmeerraum und im Vorderen Orient bis nach Persien. Die junge christliche Kirche wandte sich gegen die Gnostiker, auch gegen christlich beeinflusste. Sie hielt deren Lehre für eine christliche Häresie (Irrglauben), die es zu bekämpfen galt. Spuren der gnostischen Überzeugung finden sich im Mittelalter auch bei einigen der dort verfolgten, angeblichen Ketzerbewegungen, z.B. den Bogomilen, Paulikanern und Katharern.

Linktipp:
➡ Unter **wwwuser.gwdg.de/~rzellwe/nhs/nhs.html** findet ihr die gesamte deutsche Übersetzung der apokryphen Schriften aus Nag Hammadi unter dem Titel „Die Bibel der Häretiker".

Apokryphen des Neuen Testaments

Die neutestamentarischen Apokryphen sind Schriften, die im Gegensatz zu den Texten des N.T. nicht in den Bibelkanon aufgenommen wurden. Entstanden sind sie wahrscheinlich im 2. bis 4. Jahrhundert, einige sind aber auch fast so alt wie die Kanontexte des Neuen Testaments. Meist benennen sich die Texte nach einem Apostel. Nachdem die neutestamentarischen Apokryphen in einigen Nationalkirchen noch eine Rolle spielten, nimmt sie heutzutage keine Kirche mehr in die Bibel auf. Die meisten Texte sind nur noch fragmentarisch vorhanden. 1945 wurde in Nag Hammadi, einem kleinen Ort in Ägypten, ein sensationeller Fund gemacht: Man entdeckte 13 Papyrusrollen in koptischer Sprache, die 49 Schriften enthielten. Die Texte stammen aus dem 1. bis 4. Jahrhundert. Erst seit 1977 ist dieser Fund durch eine Gesamtveröffentlichung bekannt geworden. Das Philippus-Evangelium, eine Sammlung religiöser Sprüche, und vor allem das Thomas-Evangelium, das vorher nur in wenigen Ausschnitten vorhanden war, sorgten für die größte Aufmerksamkeit bei den Wissenschaftlern. Dabei handelt es sich um eine Sammlung angeblicher Worte Jesu (vgl. Seite 23 „Das Thomas-Evangelium").

© Verlag an der Ruhr ■ Postfach 10 22 51 ■ 45422 Mülheim an der Ruhr ■ www.verlagruhr.de ■ ISBN 3-86072-923-3

Beispiel: Judas-Evangelium

Ein Beispiel für den Kampf bei der Erstellung des biblischen Kanons ist das Judas-Evangelium, das erst am 1. Juli 2004 der Weltöffentlichkeit wieder vorgestellt wurde. Der Verfasser des Evangeliums ist allerdings nicht Judas Iskariot, der so genannte Verräter Jesu, selbst, sondern er hat seinen Text diesem Apostel offenbar nur namentlich zugeschrieben. Anders als in den Evangelien des Neuen Testaments ist es hier nicht Judas, der den jüdischen Obrigkeiten die Auslieferung Jesu anbietet, sondern er wird von ihnen dazu aufgefordert. Offensichtlich wird Judas dabei als der „wahre Jünger" Jesu dargestellt, der als einziger Jünger die Wahrheit um Jesus und sein Schicksal erkannt habe. Seine Tat wird nicht als Verbrechen gewertet, sondern ganz im Gegenteil als Auslöser für die Rettung der Menschen durch Jesus Christus. Judas erscheint hier in einem ganz neuen Licht: Als Instrument Gottes, der die Rettung aller durch den Sündentod Jesu auslöst.

„Adversus haereses"

Die Kirche hat sich schon sehr früh entschieden, gerade diesen Text nicht in den biblischen Kanon aufzunehmen. Im Jahr 170 n. Chr. veröffentlicht Bischof Irenäus von Lyon seine Schrift „Adversus haereses" (Gegen die Ketzer). Darin klagt er ganz besonders das Judas-Evangelium an, weil es ketzerisch sei und den Evangelien des Neuen Testaments widerspreche. Ab dem Jahr 500 n. Chr. ist das Evangelium dann verschwunden, die Zensur hatte erfolgreich zugeschlagen. Erst in den 70er Jahren des 20. Jahrhunderts wurde eine Textfassung des Judas-Evangeliums in Ägypten wieder ausgegraben.

Bedeutung des Judas-Evangeliums

Die meisten Forscher versprechen sich nicht allzu viel Neues über die Figuren Jesus und Judas von diesem Text. Viel wichtiger ist, dass die Schrift – wie viele andere apokryphe Schriften auch – die Diskussion um die Gültigkeit der biblischen Texte und ihren Wahrheitsgehalt anregt. Denn genauso wichtig wie die Frage, was in der Bibel steht, ist die Frage, was nicht darin steht. Und aus welchen Gründen eine Glaubensgemeinschaft bestimmte Texte zuließ, und andere nicht.

Aufgaben:

◎ Warum hat die Kirche die Kanonisierung des Judas-Evangeliums nicht zugelassen? Welche Neudeutung hätte seine Figur sonst erfahren?

◎ Überlegt euch: Was macht eurer Meinung nach die Glaubwürdigkeit des Neuen Testaments aus, wenn die Auswahl seiner Texte so subjektiv verlaufen ist. Hätten die apokryphen Texte mit aufgenommen werden müssen?

◎ Erstellt selbst eine Liste von Bedingungen, die eurer Meinung nach Texte erfüllen sollten, damit sie in das Neue Testament aufgenommen werden.

„Die Kirche hat seit 2000 Jahren viel in die orthodoxe Fassung ihrer Geschichte investiert. Sie benutzt einen geschichtlichen Mythos, um den Glauben zu unterstützen. [...] Was damals wirklich passierte, ist aber umstritten. Auch die Bibel-Evangelien sind wahrscheinlich nicht von Augenzeugen geschrieben worden. Höchstwahrscheinlich werden wir nie erfahren, wer Jesus war oder ob es ihn überhaupt gegeben hat. Das neue Material zeigt wohl nur ein weiteres Mal, dass das frühe Christentum sehr divers zu sehen ist."

(AUS: ROGER THIEDE: EIN ANDERES FRÜH-CHRISTENTUM. INTERVIEW MIT STEPHEN EMMEL. FOCUS 13/2005. S. 119.)

Judas, der „Verräter" – ein Mythos?

Geschichte und Christentum haben längst ihr Urteil über Judas Iskariot gefällt. Ist aber dieses Urteil gerecht? Lassen sich die Evangelien möglicherweise anders interpretieren? War Judas der einzige, der wusste, dass Jesus am Kreuz sterben musste, um die Menschheit zu retten? Vielleicht erzählt das Judas-Evangelium die Wahrheit, die in der Bibel nicht zugelassen wurde. Sein Selbstmord nach dem vollzogenen Verrat (MT 27,3 – 10) lässt sich schließlich als Beispiel dafür verwenden, welche Folgen ein Verrat am Gottessohn hat. Ganz laienhaft kann man sich fragen: Was wäre passiert, wenn Judas Jesus nicht verraten hätte? Welche Folgen hätte eine Nicht-Auslieferung an die Römer gehabt?

© Verlag an der Ruhr ▪ Postfach 10 22 51 ▪ 45422 Mülheim an der Ruhr ▪ www.verlagruhr.de ▪ ISBN 3-86072-923-3

Noch mehr Jesus-Worte

Die Existenz eines „Evangeliums nach Thomas" wurde bereits zu Beginn des 2. Jahrhunderts von einem Kirchenvater namens Hippolyt erwähnt. 1945 machte man in Nag Hammadi in Oberägypten, einen spektakulären Fund. Man entdeckte 114 Spruchworte, angeblich von Jesus, die in koptischer (frühägyptischer) Sprache verfasst waren. Allerdings gehen Wissenschaftler heute davon aus, dass es sich bei den Spruchworten bereits um eine Übersetzung aus dem Griechischen handelt. Das Textmaterial des Thomas-Evangeliums reicht dabei bis ins 1. Jahrhundert n. Chr. zurück.

DasThomas-Evangelium

Das Thomas-Evangelium beschreibt im Unterschied zu den vier biblischen Evangelien nicht das Leben Jesu, seine Leidensgeschichte oder seine Wundertaten, sondern ist eine Sammlung von Aussagen, die angeblich Jesus selbst gemacht haben soll. Es besteht also auch keine direkte Beziehung zu den vier Evangelien und ihren Inhalten. Diese 114 Jesusworte nennt man auch „Logien". Als zentraler Begriff begegnet in den einzelnen Logien der Begriff „Königreich" oder „Reich des Vaters" oder auch „Reich des Himmels". In die christliche Bibel wurde das Thomas-Evangelium nicht aufgenommen, vor allem, weil das eigenständige Material aus sonst völlig unbekannten Jesusworten gegen einen gleichen Ursprung spricht.

Aufgabe:

◎ Lest euch die Zitate aus dem Thomas-Evangelium sorgfältig durch. Recherchiert nun in den vier Evangelien der Bibel. Findet ihr dort Stellen, die den Zitaten entsprechen? Welche sind das?

© Verlag an der Ruhr ■ Postfach 10 22 51 ■ 45422 Mülheim an der Ruhr ■ www.verlagruhr.de ■ ISBN 3-86072-923-3

Das Thomas-Evangelium

Dies sind die geheimen Worte, die der lebendige Jesus sagte; Didymos Judas Thomas hat sie aufgeschrieben.
(AUS DEM PROLOG)

Jesus sagte: „Wer den Vater lästern wird, dem wird man vergeben; wer den Sohn lästern wird, dem wird man vergeben; wer aber den Heiligen Geist lästern wird, dem wird man nicht vergeben, weder auf der Erde noch im Himmel."
(AUS LOGION 44)

Jesus sagte: „Selig ist der Mensch, der sich abmühte; er hat das Leben gefunden."
(AUS LOGION 58)

Jesus sagte: „Wer das All erkennt, wobei er sich aber selbst verfehlt, verfehlt den ganzen Ort."
(AUS LOGION 67)

Jesus sagte: „Ich bin das Licht, dieses, das über allen ist. Ich bin das All; das All ist aus mir herausgekommen. Und das All ist zu mir gelangt. Spaltet ein Holz, ich bin da. Hebt den Stein auf und ihr werdet mich dort finden."
(AUS LOGION 77)

Sie sagten zu ihm: „Sag uns, wer du bist, damit wir an dich glauben." Er sagte zu ihnen: „Ihr prüft das Antlitz des Himmels und der Erde, und den, der vor euch ist, habt ihr nicht erkannt, und diesen Augenblick wisst ihr nicht zu prüfen?"
(AUS LOGION 91)

Seine Jünger sagten zu ihm: „Das Königreich, an welchem Tag wird es kommen?" Jesus sagte: „Es wird nicht kommen, wenn man Ausschau nach ihm hält. Man wird nicht sagen: „Siehe hier oder siehe dort", sondern das Königreich des Vaters ist ausgebreitet über die Erde, und die Menschen sehen es nicht."
(AUS LOGION 113).

Nichtbiblische Quellen

I Die biblischen Texte sind zwar unbestritten die wichtigsten Dokumente in Bezug auf die Frage nach Jesus, aber nicht die einzigen. Es gibt einige wenige Texte, die nicht zur Bibel gehören und über die Figur Jesus berichten. Diese Texte unterstützen auch die heutigen Theologen und Historiker in ihrer Überzeugung, dass es den Menschen Jesus mit Sicherheit in den ersten Jahrzehnten unserer Zeitrechnung gegeben hat. Ob dieser Mensch auch der Sohn Gottes, der Messias war, das allerdings bleibt immer eine Glaubensfrage.

Flavius Josephus (ca. 37–100 n. Chr.)

Flavius Josephus wird als Joseph ben Mathitjahu ca. 37/38 n. Chr. in Jerusalem als Sohn einer angesehenen Familie geboren. Er ist Militärkommandeur in Galiläa während des Aufstands gegen Rom in den Jahren 66–70 n. Chr. Dieser Aufstand wird heute auch als der erste jüdische Krieg bezeichnet. Nachdem er 67 n. Chr. von den Truppen des Kaisers Vespasian gefangen genommen wird, wechselt er die Seiten und wird zum Berater der Römer bei der Besetzung Jerusalems. Hier versucht er zwischen den verfeindeten Seiten zu vermitteln. Als Jerusalem im Jahre 70 n. Chr. fällt, geht Josephus nach Rom. Dort erhält er das römische Bürgerrecht, nimmt den Namen Flavius an und verbringt den Rest seines Lebens in Rom. Hier arbeitet er als jüdischer Historiker und verfasst verschiedene historische Schriften auf Griechisch. In den Jahren 75–79 schreibt er „De bello Judaico", eine Geschichte des jüdischen Krieges in 7 Bänden. Anschließend verfasst er „Antiquitates Judaicae" (Jüdische Altertümer) in 20 Bänden. Darin schildert er die Geschichte des jüdischen Volkes von der Schöpfung bis zum Ausbruch des Aufstandes im Jahr 66 n. Chr. Dabei hält er sich weitgehend an die Schilderungen im Alten Testament, soweit diese historisch reichen. Für die Zeit danach, vor allem für das 1. Jahrhundert vor und nach Christus, also die Zeit von Herodes dem Großen und seiner Söhne, ist er die wichtigste Quelle. Kaiser Vespasian schenkt ihm eine Villa und zahlt ihm eine sehr großzügige Pension, von der er bis zu seinem Tod um 100 n. Chr. gut leben kann. In seinen „Jüdischen Altertümern" (verfasst 93 n. Chr.) spricht er auch von Jesus, dem so genannten Christus. Josephus präsentiert die ergiebigste nichtbiblische „Jesus-Quelle":

> „Ananos [der damalige Hohepriester] berief eine Versammlung der Richter und ließ vorführen den Bruder Jesu des sogenannten Christus, Jakobus mit Namen, und einige andere, erhob gegen sie als Gesetzesübertreter eine Anklage und überantwortete sie zur Steinigung."
>
> (JÜDISCHE ALTERTÜMER, BD. 20. S. 200.)

I Der nächste Textausschnitt ist in der heutigen Forschung allerdings sehr umstritten. Man geht inzwischen davon aus, dass die Zeilen nachträglich durch einen gläubigen Christen entstanden sind, nicht aber den originalen Wortlaut des Flavius Josephus darstellen.

Aufgabe:

◎ Lest euch den rechten Text, der angeblich von Flavius Josephus stammt, gut durch. Überlegt, aus welchen Gründen die Forschung glaubt, ein gläubiger Christ hätte den Text nachträglich verfasst.

> „Um diese Zeit lebte Jesus, ein weiser Mann, wenn man ihn überhaupt einen Menschen nennen darf. Er war nämlich der Vollbringer ganz unglaublicher Taten und der Lehrer aller jener Menschen, die mit Freuden bereit sind, die Wahrheit zu empfangen. So zog er viele Juden und auch viele Griechen an sich. Er war der Messias. Und obgleich ihn Pilatus auf Betreiben der Vornehmsten unseres Volkes zum Kreuzestod verurteilte, wurden doch diejenigen, die ihn von Anfang an geliebt hatten, ihm nicht untreu, wie gottgesandte Propheten dies und tausend andere wunderbare Dinge von ihm vorher verkündet hatten. Und noch bis auf den heutigen Tag besteht der Stamm der Christen, wie sie sich nach ihm nannten, fort."
>
> (JÜDISCHE ALTERTÜMER, BD. 18. S. 63F.)

© Verlag an der Ruhr ▪ Postfach 10 22 51 ▪ 45422 Mülheim an der Ruhr ▪ www.verlagruhr.de ▪ ISBN 3-86072-923-3

▌Viel ist es in der Tat nicht, was außerhalb der Bibel über Jesus zu finden ist. Obwohl Flavius Josephus ihn erwähnt hat, ist es erstaunlich, dass sein – laut Bibel – Aufsehen erregender Tod am Kreuz von Josephus nicht dargestellt wird. Umso mehr wundert man sich, weil die Hinrichtung Johannes des Täufers durchaus beschrieben wird:

> „Liest man die Werke dieses Schriftsteller-Historikers, so wird klar, daß die Hinrichtung eines Menschen für sich genommen kein Ereignis war, das zu überliefern sich gelohnt hätte. Was er über die Hinrichtung des Täufers Johannes berichtet, eines edlen Menschen, der Volksaufläufe verursachte, zeigt die Art und Weise an, in der auch über Jesu Tod hätte berichtet werden können, aber nicht müssen."
>
> (RUDOLF AUGSTEIN: JESUS MENSCHEN-SOHN. DTV 2003. S. 19.)

Aufgabe:

◎ Informiert euch in Lexika und im Internet über das Leben von Pythagoras und von Sokrates und über ihren Tod. Diskutiert die Ergebnisse eurer Recherche in der Gruppe und schreibt die wichtigsten biographischen Stationen auf. Vergleicht die drei Persönlichkeiten Pythagoras, Sokrates und Jesus. Inwieweit lässt sich ihr Wirken vergleichen? Wo seht ihr mögliche Nachwirkungen ihrer Lehren?

© Verlag an der Ruhr ▪ Postfach 10 22 51 ▪ 45422 Mülheim an der Ruhr ▪ www.verlagruhr.de ▪ ISBN 3-86072-923-3

BERNER NELKENMEISTER: JOHANNES DER TÄUFER IN DER WÜSTE (UM 1495)

Das älteste nicht-christliche Dokument

Der syrische Philosoph **Mara bar Sarapion** schreibt um 73 n. Chr. aus römischer Gefangenschaft einen Brief an seinen Sohn. Weil er selbst möglicherweise bald verurteilt wird, erteilt er dem Sohn noch einmal Ratschläge und zahlreiche Warnungen. Er versucht ihm klar zu machen, dass ausschließlich die Weisheit der einzig erstrebenswerte Besitz und Lebensinhalt sei. Mara glaubt, dass zwar auch weise Menschen in einer grausamen und brutalen Welt verfolgt würden, die Weisheit aber überleben würde und ewig sei. Diese „ewige Weisheit" möchte Mara beweisen, indem er die Namen von Sokrates, von Pythagoras und von einem „weisen König der Juden" aufzählt, der hingerichtet wurde. Für Mara ist dieser jüdische König besonders wichtig, weil er als neuer Gesetzesgeber Menschen ermöglicht, nach neuen, weisen Gesetzen weiterzuleben. Das Original des Briefes befindet sich heute im Britischen Museum in London:

> „Was profitierten die Athener davon, dass sie Sokrates töteten? Hungersnot und Pest traf sie als Strafe für ihr Verbrechen. Was profitierten die Einwohner von Samus davon, dass sie Pythagoras verbrannten? Kurze Zeit später war ihr Land unter einer Sandschicht begraben. Was profitierten die Juden davon, dass sie ihren weisen König hinrichteten? Kurz danach wurde ihr Königreich total zugrundegerichtet. Gott hat diese drei Weisen in gerechter Weise gerächt: Die Athener verhungerten, Samos wurde vom Meer überschwemmt, und die Juden, ruiniert und aus ihrem Land vertrieben, leben jetzt in absoluter Zerstreuung. Aber Sokrates ist nicht tot. Er lebt weiter in der Lehre Platos. Pythagoras ist nicht tot. Er lebt weiter in der Statue der Hera. Und auch der weise König ist nicht tot. Er lebt in der Lehre fort, die er brachte."

Jesus im Alten Testament

Das Alte Testament

Heutzutage betrachten zwei Weltreligionen das Alte Testament als ihre „Heilige Schrift". Der jüdische **Tanach** stimmt zu großen Teilen mit dem ersten Teil der christlichen Bibel überein. Allerdings sind die einzelnen Bücher, Schriften und Psalmen des Alten Testaments im Tanach anders angeordnet und werden unterschiedlich gedeutet. Eine genaue Entstehungsgeschichte des Alten Testaments lässt sich nur ungefähr erzählen, da in den Jahrtausenden vor Beginn unserer Zeitrechnung die meisten Geschichten nicht schriftlich, sondern mündlich überliefert wurden. Heute geht man davon aus, dass die ersten schriftlichen Überlieferungen, die in das Alte Testament eingingen, ab dem 10. Jahrhundert vor Christus gesammelt wurden. Gegen Ende des 2. Jahrhunderts vor Christus war das Alte Testament, so wie man es aus der Bibel kennt, fast vollständig – auch wenn die Reihenfolge möglicherweise eine andere war.

Der Stammbaum Jesu

Das Alte Testament erzählt vor allem die Geschichte des Volkes Israel: Vom Stammesvater **Abraham**, der mit seiner Familie in das ihm verheißene Land „Kanaan" zog, um nur noch einem Gott zu dienen. Von seinem Enkel **Jakob**, dessen Beiname Israel (Gotteskämpfer) angeblich für den Volksnamen verantwortlich war, von berühmten Königen Israels (**David**, **Salomon**) und seinem großen Propheten **Moses**. Jesus wird im Neuen Testament zu Beginn des Matthäus-Evangeliums als direkter Nachfolger dieser Vorfahren vorgestellt.

Aufgabe:

◉ Schlagt in der Bibel im Alten Testament bei Jesaja 7,14 und 52,13–53,12 nach. Auf welche Stationen im Leben Jesu könnten diese Textstellen anspielen und wie würde ein gläubiger Christ sie wohl deuten? Im Personenregister der Bibel könnt ihr die entsprechenden Textstellen nachschlagen. Verfasst ein Porträt eurer Personen und stellt sie der Klasse vor.

MICHELANGELOS SKULPTUR DES BIBLISCHEN DAVIDS (1501–1504) IN FLORENZ

Jesus wird prophezeit

Im Alten Testament finden sich Stellen, an denen ein **Auserwählter** vorausgesagt wird. (vgl. Seite 37: Jesus, der Messias?) Die Sehnsucht nach dem Auserwählten und das Warten auf ihn gehört zu den Grundelementen des jüdischen Glaubens. Anders als die Juden, die auf ihren seit Jahrtausenden Auserwählten noch warten, glauben die Christen daran, dass die Verheißungsstellen im Alten Testament sich genau auf Jesus Christus beziehen.

Eine Stelle wird z.B. als Ankündigung der Jungfrauengeburt gelesen:
„Aber du, Bethlehem-Efrata, so klein unter den Gauen Judas, aus dir wird einer hervorgehen, der über Israel herrschen soll. [...] Er wird auftreten und ihr Hirt sein in der Kraft des Herrn, im hohen Namen Jahwes, seines Gottes. Sie werden in Sicherheit leben; denn nun reicht seine Macht bis an die Grenzen der Erde. Und er wird der Friede sein."
(MICHA 5,1–4)

Aufgaben:

◉ Lest euch in der Bibel den Stammbaum Jesu durch (*Matthäus 1,1–17*). Zeichnet dann den Stammbaum Jesu auf.

◉ Die meisten Religionen konzentrieren sich auf eine „auserwählte" Person. Das kann der Sohn Gottes (wie Jesus im Christentum) sein oder ein Prophet (wie Mohammed im Islam) oder auch ein Religionsgründer (wie Buddha). Warum benötigt ein Glauben offenbar eine bestimmte Figur, an der man seine Religion „festmachen" kann?

© Verlag an der Ruhr ▪ Postfach 10 22 51 ▪ 45422 Mülheim an der Ruhr ▪ www.verlagruhr.de ▪ ISBN 3-86072-923-3

Hintergründe, Fakten, Meinungen

UNBEKANNTER KÜNSTLER: MOSES EMPFÄNGT DIE GESETZESTAFELN (UM 840 N. CHR.) (AUSSCHNITT)

Der Talmud

Im Judentum stellen die Gesetze, die Moses am Berg Sinai übermittelt wurden, zentrale religiöse Dokumente dar. Dabei handelt es sich um die so genannten fünf Bücher Mose. Sie sind in der „Tora" gesammelt und werden in der „Mischna" kommentiert und zu einem religiösen Gesetzeswerk ausgearbeitet. Der „Talmud" enthält die „Mischna" und die „Gemara", in der die Gesetze und Vorgaben diskutiert und gedeutet werden. Damit präsentiert der „Talmud" das entscheidende Sammelwerk jüdischer Thora-Auslegungen. Heutzutage liegen zwei Talmud-Ausgaben vor.

1. Der „Babylonische Talmud", der in den ersten Jahrhunderten nach Christus in den jüdischen Siedlungsgebieten im Perserreich (heutiger Irak) entstand, nachdem Jerusalem von den Römern zerstört worden war.

2. Der nicht so umfangreiche und weniger wichtige „Palästinensische oder Jerusalemer Talmud", der in Palästina entstanden ist. Wenn allgemein vom Talmud gesprochen wird, dann meint man in der Regel den babylonischen.

❚ Der Talmud enthält zwei Texte, die Jesus erwähnen. In der deutschen Übersetzung des ursprünglich in hebräischer Sprache geschriebenen Sammelwerks wird der Name „Jesus" allerdings in seiner hebräischen Aussprache „Jeschu" wiedergegeben.

© Verlag an der Ruhr ∎ Postfach 10 22 51 ∎ 45422 Mülheim an der Ruhr ∎ www.verlagruhr.de ∎ ISBN 3-86072-923-3

„Am Vorabend des Pessachfestes [Fest der Befreiung aus der ägyptischen Gefangenschaft] hängte man Jeschu. Vierzig Tage zuvor hatte der Herold ausgerufen: Er wird zur Steinigung hinausgeführt, weil er Zauberei getrieben und Jisrael verführt und abtrünnig gemacht hat; wer etwas zu seiner Verteidigung zu sagen hat, der komme und sage es. Da aber nichts zu seiner Verteidigung vorgebracht wurde, so hängte man ihn am Vorabend des Pessachfestes. Die Rabbanan [Gelehrten] lehrten: Fünf Jünger hatte Jeschu: Mathaj, Naqaj, Neçer, Buni und Thoda."

(QUELLE: SANHEDRIN 43AB, IN: LAZARUS GOLDSCHMIDT (HG.): DER BABYLONISCHE TALMUD, BD. 7. BERLIN/WIEN 1925, S. 181.)

„Âqiba, [berühmter Jüd. Gelehrter] du hast mich erinnert; einst ging ich auf dem oberen Markt von Sepphoris und traf da einen von den Schülern Jesu des Nazareners, namens Jâqob, aus dem Dorf Sekhanja; da sprach er zu mir: Es heißt in eurer Gesetzeslehre: Du sollst nicht Hurenlohn bringen [Dtn 23,19]; darf man aus diesem einen Abort für den Hochpriester errichten? Ich erwiderte ihm nichts. Da sprach er zu mir: So lehrte mich Jesu der Nazarener: Denn von Hurenlohn ist es zusammengebracht und zu Hurenlohn soll es wieder werden [Mi 1,7]; von Unrat kam es und zu Unrat soll es wieder zurückkehren."

(QUELLE: ÂBODA ZARA 16B, IN: LAZARUS GOLDSCHMIDT (HG.): DER BABYLONISCHE TALMUD, BD. 7. BERLIN/WIEN 1925, S. 851.)

Aufgabe:

◎ Die zweite Textstelle schließt an zwei Texte des Alten Testaments an: Das Buch **Deuteronomium** und das Buch **Micha**. Lest die entsprechenden Textstellen nach und diskutiert gemeinsam, was die Talmudstelle bedeuten könnte.

Jesus im Koran

DER HEILIGE KORAN

Der Koran

Im Islam entspricht der Koran im weitesten Sinne der Bedeutung der Bibel im Christentum und dem Talmud der Juden. Allerdings ist der Stellenwert dieser Schrift weitaus höher als beispielsweise die Bedeutung der Bibel. Wörtlich übersetzt bedeutet das arabische Wort Koran „Lesung" oder „Vortrag", was unmittelbar auf die Entstehungsgeschichte des Werkes hinweist: Die Muslime glauben, dass der Prophet Mohammed (570–632 n. Chr.) in einem Zeitraum von über 20 Jahren durch den Engel Gabriel mehrere Offenbarungen erhalten hat. Der Koran präsentiert also unmittelbar Gottes Wort. Die einzelnen Offenbarungen wurden zunächst mündlich überliefert. Erst nach dem Tod Mohammeds begann man, die Überlieferungen schriftlich festzuhalten, bis sie unter dem dritten Kalifen Uthman ibn Affan (644–656 n. Chr.) im ersten gebundenen Koran vereint wurden. Der Koran besteht aus 114 Suren, d.h. Abschnitten, die die verschiedenen Offenbarungen Mohammeds darstellen.

❚ Auch im Koran taucht an mehreren Stellen ein Mann namens Jesus, Sohn der Maria, auf. Ähnlich wie Mohammed wird auch Jesus nicht als Sohn, aber als Gesandter Gottes dargestellt, der allerdings eine weniger hohe Bedeutung besitzt als der große Prophet Mohammed.

> „Und Er [Allah] wird ihn [Jesus] lehren das Buch [den Koran] und die Weisheit und die Thora und das Evangelium. Und wird ihn entsenden zu den Kindern Israels [den Juden]. Sprechen wird er [Jesus]: [...], siehe, Allah ist mein Herr und euer Herr, drum dienet Ihm. Dies ist ein rechter Weg.'"
>
> (AUS: SURE 3,48–51)

> „[...] überschreitet nicht euern Glauben und sprechet von Allah nur die Wahrheit. Der Messias Jesus, der Sohn der Maria, ist der Gesandte Allahs und Sein Wort, das Er [Allah] in Maria legte, und Geist von Ihm. So glaubet an Allah und an Seinen Gesandten [Jesus] und sprechet nicht: „Drei" [...] Nimmer ist der Messias [Jesus] zu stolz, ein Diener Allahs zu sein, und nicht auch die nahestehenden Engel."
>
> (AUS: SURE 4,171–172)

> „Wahrlich, ungläubig sind, welche sprechen: ,Siehe, Allah, das ist der Messias [Jesus], der Sohn der Maria.' [...] Wahrlich, ungläubig sind, die da sprechen: ,Siehe, Allah ist ein dritter von drei.' [...] Nicht ist der Messias [Jesus], der Sohn der Maria, etwas andres als ein Gesandter [Prophet Allahs]."
>
> (AUS: SURE 5,72–75)

❚ Von den 28 Koranstellen, an denen Jesus erwähnt wird, nennen 17 auch seine Mutter, Maria. In der Bibel wird Jesus nur ein einziges Mal als Sohn der Maria vorgestellt. Kein Wunder, schließlich präsentiert die Bibel Jesus als Teil der Dreifaltigkeit, als Sohn Gottes. Die „irdische" Mutter Maria ist in diesem Zusammenhang eher unwichtig. Der Islam, allen voran der Prophet Mohammed, aber besteht auf einem einzigen Gott, der keinesfalls auf Vater, Sohn und Heiligen Geist (wie im Christentum) aufzuteilen ist. Daher wird in islamischen Dokumenten gerne die Figur der Maria erwähnt, die daran erinnert, dass Jesus eine „ganz normale" Herkunft und keine göttliche besitzt.

Aufgabe:

◎ Drei Weltreligionen erzählen in ihren zentralen Schriften von einem Jesus. Liefert das nicht genügend Beweise die tatsächliche Existenz seiner Person? Und wenn das so ist – beweisen die Dokumente dann auch die Existenz des Jesus Christus, an den die Christen glauben?

© Verlag an der Ruhr ▪ Postfach 10 22 51 ▪ 45422 Mülheim an der Ruhr ▪ www.verlagruhr.de ▪ ISBN 3-86072-923-3

❚ Nicht nur in der Bibel *(Lk 2,1–20)* wird die Geschichte von der Offenbarung Marias und von der Geburt des Jesus von Nazareth erzählt. Auch im Koran findet sich eine sehr ähnliche Geschichte, die sich mit den Versionen der Evangelisten vergleichen lässt:

Sure 19, Maria (Maryam)

Und gedenke auch im Buche der Maria. Da sie sich von ihren An-gehörigen an einen Ort gen Aufgang zurückzog, [...] da sandten Wir Unseren Geist [den Engel Gabriel] zu ihr, und er erschien ihr als vollkommener Mann. [...] Er sprach: „Ich bin nur der Gesandte deines Herrn, um dir einen reinen Knaben zu bescheren."

Sie sprach: „Woher soll mir ein Knabe werden, wo mich kein Mann berührt hat und ich keine Dirne bin?"

Er sprach: „Also sei's! Gesprochen hat dein Herr: ‚Das ist Mir ein Leichtes' [...] Und es ist eine beschlossene Sache." Und so emp-fing sie ihn und zog sich mit ihm an einen entlegenen Ort zurück. [...] Und sie brachte ihn zu ihrem Volk, [...] Sie sprachen: Wie sollen wir mit ihm, einem Kind in der Wiege, reden?"

Er [Jesus] sprach: „Ich bin Allahs Diener. Gegeben hat Er mir das Buch, und Er macht mich zum Propheten. [...]" Dies ist Jesus, der Sohn der Maria – das Wort der Wahrheit, das sie bezweifeln. Nicht steht es Allah an, einen Sohn zu zeugen. Preis Ihm!

(AUS: SURE 19,16–35)

SEMJON FEDOROWITSCH USCHAKOW:
DER ERZENGEL GABRIEL (2. DRITTEL 16. JH.)

Jesus im Christentum und im Islam

Dieser Koranausschnitt macht erstaunliche Gemeinsamkeiten, aber auch Un-terschiede zwischen christlichem und islamischem Jesusbild deutlich. Wieder wird die Mutterschaft Marias betont und nachdrücklich darauf hingewiesen, dass Gott (Allah) nicht der Vater Jesu sein kann. Allerdings zeigen die Verse auch, wie nahe die christliche Offenbarungsgeschichte nach Lukas und die entsprechende Koranversion beieinander liegen. Auch der Koran beschreibt die Jungfrauengeburt der Maria, ohne aber direkt auf die göttliche Vaterschaft zu schließen. Im Koran findet dadurch eine bewusste und keineswegs voll-kommen ausschließende Auseinandersetzung mit dem Christentum und dem christlichen Glauben statt.

„Und da Jesus, der Sohn der Maria, sprach: ‚O ihr Kinder Israel, siehe, ich bin Allahs Gesandter an euch, bestäti-gend die Thora, die vor mir war, und einen Gesandten verkündigend, der nach mir kommen soll, des Name Ahmad [Mohammed] ist.'"

(AUS: SURE 61,6)
(ALLE KORANVERSE AUS: DER KORAN, AUS DEM ARABISCHEN ÜBERSETZT VON MAX HENNING. STUTTGART 1991.)

Aufgabe:

◎ Vergleicht diese Koranverse mit der biblischen Geburtsgeschichte *(Lk 2,1–20)*. Diskutiert gemeinsam die Unterschiede und Gemeinsam-keiten. Erstaunt euch die Tatsache, dass Jesus als religiöse Figur neben dem Talmud auch im Koran eine bedeutende Rolle spielt? Macht euch noch einmal klar: Wann sind diese religiösen Bücher entstanden?

© Verlag an der Ruhr ▪ Postfach 10 22 51 ▪ 45422 Mülheim an der Ruhr ▪ www.verlagruhr.de ▪ ISBN 3-86072-923-3

Kapitel 2

ALBRECHT DÜRER: DER ZWÖLFJÄHRIGE JESUS UNTER DEN SCHRIFTGELEHRTEN (1506)

Jesus als Religionsgründer

– Wie Jesus Christus entstanden ist

- Vom Prediger zum Sohn Gottes
- Die ersten Christen
- Von der ersten Gemeinde zur Staatskirche
- Jesus, der Messias?
- Wer hat Jesus gemacht und warum?
- Jesus und die Kirche

Jesus – ein Christkind?

Mythos „Weihnachten"?

Alljährlich feiern die Christen mit dem Weihnachtsfest die Geburt Jesu. Einige feiern am 24., andere am 25. Dezember oder sogar erst im Januar. Die russisch-orthodoxe Kirche, die sich an den julianischen Kalender und nicht an die gregorianische Zeitrechnung hält, feiert Weihnachten erst am 6. und 7. Januar. Inzwischen ist ein regelrechter Kult um die Festtage ausgebrochen: Es gibt die passenden Plätzchen, die passende Beleuchtung, den passenden Tee, die passende Musik und sogar die passende Stimmung zum Fest. Die passende Hintergrundgeschichte zu diesem zentralen Fest im Christentum kennen wir natürlich auch aus der Bibel:

„So zog auch Josef von der Stadt Nazaret in Galiläa hinauf nach Judäa in die Stadt Davids, die Betlehem heißt; denn er war aus dem Haus und Geschlecht Davids. Er wollte sich eintragen lassen mit Maria, seiner Verlobten, die ein Kind erwartete. Als sie dort waren, kam für Maria die Zeit der Niederkunft, und sie gebar ihren Sohn, den Erstgeborenen. Sie wickelte ihn in Windeln und legte ihn in eine Krippe, weil in der Herberge kein Platz für sie war."
(Lk 2,4–7)

EL GRECO, GEBURT CHRISTI (1603/05)

Stimmt der Mythos?

Das genaue Geburtsdatum Jesu lässt sich nicht bestimmen. Äußerst unwahrscheinlich ist allerdings ein Datum im tiefsten Winter. Im Lukas-Evangelium wird z.B. von den Hirten erzählt, die ihre Herden weiden lassen. Im Dezember sind die Nächte in Palästina aber sehr kalt, so dass ein früheres Datum viel wahrscheinlicher ist. Auch stellt sich die Frage, warum der römische Kaiser Augustus zur Winterzeit eine Volkszählung abhalten lässt, genau dann, wenn Straßen für alle schwerer zu passieren sind und man aufgrund der Temperaturen kaum im Freien übernachten kann.

Der 25. Dezember stellte bereits vor Beginn des Christentums in vielen heidnischen Kulturen ein besonderes Datum dar. Nach dem von Julius Cäsar eingeführten julianischen Kalender wurde an diesem Tag das **Fest zur Wintersonnenwende** begangen, während die Germanen dann das **Julfest** (Mittwinterfest) und die Römer auch die **Saturnalien** (Friedensfest, den Armen und Sklaven gewidmet) feierten. In Persien feierte man an diesem Tage die **Geburt des Sonnengottes Mithras**.

Der Mithraskult

Etwa im Jahre 70 begann sich der von der persischen Tradition beeinflusste Mithraskult im ganzen römischen Reich auszubreiten. Vor allem die Griechen verantworteten die Verbreitung des Kultes, weil sie Mithras mit ihrem Sonnengott Helios gleichsetzten. Kaiser Aurelian (270–275 n. Chr.) erhob diesen Kult sogar zur Staatsreligion und Kaiser Diokletian (284–305 n. Chr.) bezeichnete Mithras als „Beschützer des Reichs". Am 25. Dezember wurde die Geburt dieses Gottes mit der Wintersonnenwende der Römer gefeiert. Heute geht man davon aus, dass dieses Fest sich auch auf das Christentum übertragen hat. Die Integration der christlichen Theologie der Geburt Christi in den Sonnenkult fand unter Kaiser Konstantin I. (285–337 n. Chr.) statt. Unter Konstantin erhielt übrigens auch der Sonntag die Bedeutung als Tag des Herrn. Das Weihnachtsfest als christliches Fest wurde erst ab dem 4. Jahrhundert gefeiert, nachdem das Christentum im Römischen Reich schließlich zur alleinigen Staatsreligion erhoben worden war.

Aufgaben:

◎ Versucht, Genaueres über die oben genannten heidnischen Feste am 25.12. herauszufinden. Was genau wurde bei diesen Gelegenheiten gefeiert?

◎ Warum feiert man Jesu Geburt denn genau am 25.12.?

Linktipp:
➡ **www.science-at-home.de/referate/weihnachten.php**

© Verlag an der Ruhr ▪ Postfach 10 22 51 ▪ 45422 Mülheim an der Ruhr ▪ www.verlagruhr.de ▪ ISBN 3-86072-923-3

Josef – Jesus' Ziehvater

© Verlag an der Ruhr ▪ Postfach 10 22 51 ▪ 45422 Mülheim an der Ruhr ▪ www.verlagruhr.de ▪ ISBN 3-86072-923-3

Josef von Nazareth

Jesus, der sich in unserem Denken als Sohn Gottes festgesetzt hat, wird in seinem Verhältnis zum Zimmermann Josef, der ihn aufzieht, kaum thematisiert. Immerhin aber hat Jesus lange Jahre gemeinsam mit seinen Eltern in Nazareth verbracht, daher muss eine familiäre Beziehung zwischen Josef und seinem Ziehsohn existiert haben.

GUIDO RENI: DER HL. JOSEF (1640–42), ÖL AUF LEINWAND

Josef in den Evangelien

Das älteste Evangelium nach Markus erwähnt Josef überhaupt nicht. Jesus wird hier einfach als „Sohn der Maria" bezeichnet. Bei Lukas und bei Matthäus spielt der Zimmermann Josef schon eine größere Rolle, allerdings spricht er selbst an keiner Stelle. Vielmehr wird er stets in einer mehr passiven, ausführenden Rolle gezeigt. Entweder führt er die Aufträge aus, die Gottes Engel ihm im Traum verkündet hat, oder aber er überlässt es Maria, für sich selbst und ihren Mann zu reden.

Zur Geburt Jesu heißt es über Josef:

„Josef, ihr Mann, der gerecht war und sie [Maria] nicht bloßstellen wollte, beschloss, sich in aller Stille von ihr zu trennen. Während er noch darüber nachdachte, erschien ihm ein Engel des Herrn im Traum und sagte: Josef, Sohn Davids, fürchte dich nicht, Maria als deine Frau zu dir zu nehmen; denn das Kind, das sie erwartet, ist vom Heiligen Geist. Sie wird einen Sohn gebären; ihm sollst du den Namen Jesus geben; […] Als Josef erwachte, tat er, was der Engel des Herrn ihm befohlen hatte, und nahm seine Frau zu sich. Er erkannte* sie aber nicht, bis sie ihren Sohn gebar. Und er gab ihm den Namen Jesus."
(MATTHÄUS 1,19–25)   *(d.h. er schlief nicht mit ihr)

Das Evangelium nach Lukas erzählt von einem Ausflug der Familie zum Passahfest nach Jerusalem. Auf dem Rückweg merken Maria und Josef, dass ihr Sohn nicht mitgekommen ist. Sie finden ihn im Tempel, umgeben von jüdischen Gelehrten, die von der Weisheit des 12-Jährigen beeindruckt sind.

„Als seine Eltern ihn sahen, waren sie sehr betroffen und seine Mutter sagte zu ihm: Kind wie konntest du uns das antun? Dein Vater und ich haben dich voll Angst gesucht. Da sagte er zu ihnen: Warum habt ihr mich gesucht? Wusstet ihr nicht, dass ich in dem sein muss, was meinem Vater gehört?" (LUKAS 2,48–49)

Josef-Verehrung

Josef wird erst im Laufe der Entwicklung des Christentums als Heiliger verehrt. Vor allem die Franziskaner förderten seit dem 14. Jahrhundert die Verehrung. 1479 führte man den 19. März als Fest des heiligen Josefs für die ganze Kirche ein. Papst Pius IX. erklärte Josef 1870 zum Schutzpatron der Kirche, während Papst Pius XII. 1955 außerdem den 1. Mai, den Welttag der Arbeit, als Festtag festlegt. Seitdem wird an diesem Tag Josef als Arbeiter und Patron der Arbeiter gefeiert. Im Volksglauben gilt Josef außerdem als Schutzpatron für eine gute Sterbestunde, da er der Legende nach im Beisein von Maria und Jesus gestorben sein soll.

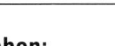

Aufgaben:

◎ In den Bibelzitaten werden zwei Vaterfiguren gegenübergestellt. Welche und von wem?

◎ Lest die Bibelstelle aus dem Matthäus-Evangelium noch einmal. Worin liegt für Christen die besondere Leistung des Josefs, die seine Verehrung noch heutzutage verantwortet? Vergleicht die biblische Situation mit eurer Gegenwart. Ist Josefs Reaktion für euch nachvollziehbar?

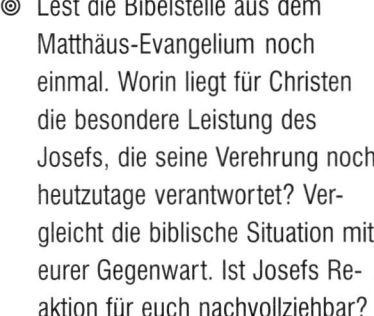

Jesus – Sohn einer Jungfrau?

Dogma

Dogma meint eine bestimmte Meinung innerhalb einer Religion oder
auch einer Wissenschaft, die als
grundsätzlich angesehen wird, die
nicht diskutierbar ist und nicht an-
gezweifelt werden darf. Seit Beginn
des Christentums hat man verschiedene Dogmen formuliert, damit
Meinungsverschiedenheiten nicht
mehr weitergeführt wurden.
Auf so genannten **Konzilien** trafen
sich Kirchenvertreter und legten
die Dogmen fest.

„Wir verkünden, erklären
und definieren es als ein von
Gott geoffenbartes Dogma,
dass die Unbefleckte, allzeit
jungfräuliche Gottesmutter
Maria nach Ablauf ihres irdischen Lebens mit Leib und
Seele in die himmlische
Herrlichkeit aufgenommen
wurde.“

(Aus der Schrift „Munificidentissis-
mus Deus“, die das Katholische Dogma
von 1950 schriftlich festhält.)

Eine der ältesten Fragen der Kirchengeschichte lautet: „Wie ist Maria
zu ihrem Sohn Jesus gekommen?“ War sie tatsächlich Jungfrau?
Ist man ein schlechter Christ, wenn man nicht an die Jungfrauengeburt
glaubt? Ist die Jungfrauengeburt Glaubenssache oder reiner Unsinn? Obwohl
der evangelische Teil der christlichen Kirche und auch viele liberalen Katholiken die Jungfrauengeburt nur noch als Symbol verstehen, hält die katholische
Kirche offiziell an ihrem Dogma, Maria habe Jesus jungfräulich empfangen,
fest. Die Meinungen über Wahrheit, Mythos und Sinn der Jungfrauengeburt
und damit auch über den Vater Jesu gehen damit auch heute noch
auseinander:

Der Bibeltext:

*„Mit der Geburt Jesu Christi war es so: Maria, seine Mutter, war mit Josef
verlobt; noch bevor sie zusammengekommen waren, zeigte sich, dass sie
ein Kind erwartete – durch das Wirken des Heiligen Geistes.“*
(Mt 1,18)

*„Fürchte dich nicht, Maria; denn du hast bei Gott Gnade gefunden. Du wirst
ein Kind empfangen, einen Sohn wirst du gebären: dem sollst du den Namen
Jesus geben. [...] Maria sagte zu dem Engel: Wie soll das geschehen, da
ich keinen Mann erkenne? Der Engel antwortete ihr: Der Heilige Geist wird
über dich kommen und die Kraft des Höchsten wird dich überschatten.“*
(Lk 1,30–35)

Die Jungfrauengeburt und die göttliche Vaterschaft: Typisch katholisch?

Die „Jungfrauengeburt“ ist ebenso wie die Geburt eines Wesens, das
Mensch und Gott in einem ist, kein typisch christlicher Mythos, sondern
existierte schon lange vor der Entstehung der biblischen Texte.
Das antike Rom verehrte seinen Gott **Mithras** als Sohn einer Jungfrau.
Die Bewohner des antiken Griechenlands glaubten z.B. an so genannte
„Halbgötter“ wie **Perseus**, **Achilles** oder **Prometheus**. Perseus war der Sohn
des Götterkönigs Zeus und der Prinzessin Danae, Achilles dagegen war Sohn
eines menschlichen Vaters, Peleus, und der Meeresgöttin Thetis. Prometheus
werden in unterschiedlichen Mythen sowohl ein göttlicher Vater als auch eine
nicht-irdische Mutter zugesprochen.
Im alten Ägypten galt für jeden **Pharao**: Er muss Sohn einer jungfräulichen
Königin und eines ägyptischen Gottes sein. Das Motiv der „Jungfraumutter“
ist hier eher symbolisch gemeint, um bestimmte Menschen in ihrer besonderen Bedeutung hervorzuheben. Die katholische Kirche allerdings besteht auf
die wörtlich zu übersetzende Bedeutung des Motivs: Sie meint die Jungfrau
im streng biologischen Sinn.

Aufgabe:

◎ Was glaubt ihr: Warum besteht die katholische Kirche auf die Jungfräulichkeit Marias? Welche Folgen hätte es für den katholischen Glauben,
wenn das Dogma aufgehoben würde? Verliert die Figur Jesu an Glaubwürdigkeit ohne das Dogma?

© Verlag an der Ruhr ▪ Postfach 10 22 51 ▪ 45422 Mülheim an der Ruhr ▪ www.verlagruhr.de ▪ ISBN 3-86072-923-3

Die vier Marien-Dogmen

431: Das Konzil von Ephesos
Hier wird die Gottesmutterschaft Marias zum Dogma erklärt. Maria gilt von nun an als Mutter Jesu Christi und – weil Gott und Christus seit dem Konzil von Nicäa eins sind (vgl. S. 38) – damit auch als Muttergottes.

553: Das zweite Konzil von Konstantinopel
Das Dogma der „immerwährenden Jungfräulichkeit" wird verkündet, d.h.: Maria ist vor, während und nach der Geburt Christi Jungfrau.

1854: Papst Pius IX.
Der Papst verkündet das Dogma der „unbefleckten Empfängnis", d.h. dass Maria schon vor ihrer eigenen Geburt, im Körper ihrer Mutter, frei von jeder Erbsünde war.

1950: Papst Pius XII.
Das letzte Mariendogma über die „leibliche Aufnahme Mariens" erklärt, dass Maria, die Zeit ihres Lebens ohne Sünde blieb, in den Himmel aufstieg – und zwar mit Leib und Seele.

„Das Weihnachtsfest zeigt, daß die Jungfrauengeburt ein Mythos ist, der noch immer gefällt. [...] Historisch verstanden ist sie unsinnig und wird es mit dem Fortschritt der Genetik immer mehr. Ungeschlechtliche Fortpflanzung (Parthogenese) kommt bei Einzellern wie Algen, Hefepilzen und Bakterien vor; manche Organismen, etwa Wasserflöhe und grüne Blattläuse, vermehren sich sowohl geschlechtlich als auch ungeschlechtlich. [...] Wenn Jesus nur die Hälfte der Gene und Chromosomen hatte, die einen Menschen bilden, wäre er mehr wie Mr. Spock vom Raumschiff Enterprise gewesen als wie der Sohn Gottes."

(PETER DE ROSA, DER JESUS-MYTHOS. KNAUR 1993. S. 362.)

Aufgaben:

◉ Erklärt die vier Dogmen mit euren eigenen Worten. Was genau wollen diese vier Glaubensgrundsätze sagen?

◉ Überlegt gemeinsam, warum die Marienverehrung für die katholische Kirche so wichtig ist. Berücksichtigt dabei die Bedeutung Jesu Christi für das gesamte Christentum.

◉ Interviewt einige protestantische Mitschüler. Welche Haltung vertritt die evangelische Kirche in Bezug auf Maria? Fragt auch bei Muslimen in eurer Klasse nach: Spielt Maria für ihren Glauben eine Rolle?

ZEICHNUNG (AUSSCHNITT): MARTIN SCHONGAUER: MARIA MIT KIND AUF DER RASENBANK MIT EINEM NELKEN-STOCK, (UM 1473–1475), FEDER IN BISTER AUF PAPIER, BERLIN, (SPÄTGOTIK)

Die Glaubenslehre der katholischen Kirche

„Das eigentliche Wunder der Menschwerdung Gottes besteht nicht in der jungfräulichen Empfängnis Jesu, sondern in der Vereinigung der menschlichen Natur Jesu mit der göttlichen Natur des ewigen göttlichen Wortes. [...] Für die katholische Kirche ist die jungfräuliche Empfängnis Jesu durch Maria aus der Kraft des Heiligen Geistes ein sinnvolles Zeichen für eine neue Schöpfung. Denn mit der Menschwerdung des Sohnes Gottes beginnt etwas so Unerhörtes in der Geschichte der Menschheit, ja des Kosmos, das nur verglichen werden kann mit der Erschaffung der Welt aus dem Nichts."

(AUS: ANTON MAGNUS DORN, GERHARD EBERTS (HRSG.), REDAKTIONSHANDBUCH KATHOLISCHE KIRCHE, MÜNCHEN 1996.) **www.kirchensite.de/index.php?myELEMENT=42467**

© Verlag an der Ruhr ■ Postfach 10 22 51 ■ 45422 Mülheim an der Ruhr ■ www.verlagruhr.de ■ ISBN 3-86072-923-3

Der Jude Jesus

„Niemand bezweifelt, dass
Jesus Jude war. Aber immer
wieder taucht die Frage auf,
ob er sich nicht radikal von
seinem ethnischen Hinter-
grund löste. War Jesus
vielleicht antijüdisch eingestellt? [...] Fragen wir bei
Jesus selbst nach: Ist er
prinzipiell gegen sein Volk,
verurteilt er es wegen eines,
falschen Verhältnisses zu
Gott', wie man gemeint hat?"

(AUS: KLAUS BERGER: JESUS. PATTLOCH
2004. S. 437.)

▐ Jesus von Nazareth war ein Jude. Er wuchs in einer jüdischen Familie auf und erlernte die jüdischen Traditionen und Rituale. Er besuchte jüdische Gottesdienste, heiligte den Sabbat und feierte wie alle Juden das Paschafest, das an den Auszug der Juden aus Ägypten erinnert. Die Bibel erzählt also nicht nur die Geschichte von Jesus, dem Gottessohn der Christen, sondern sie berichtet zunächst einmal von Jesus, einem gläubigen Juden. Die Bibel zeigt immer wieder, dass Jesus ein jüdisches Leben in einem jüdischen Umfeld lebt.

„Als acht Tage vorüber waren und das Kind beschnitten werden sollte, gab man ihm den Namen Jesus, den der Engel genannt hatte, noch ehe das Kind im Schoß seiner Mutter empfangen wurde."
(LK 2,21)

„Er zog in ganz Galiläa umher, lehrte in den Synagogen, verkündete das Evangelium vom Reich und heilte im Volk alle Krankheiten und Leiden."
(MT 4,23)

„Da kam eine kanaanäische Frau aus jener Gegend zu ihm und rief: Hab Erbarmen mit mir, Herr, du Sohn Davids! Meine Tochter wird von einem Dämon gequält. [...] Er antwortete: Ich bin nur zu den verlorenen Schafen des Hauses Israel gesandt."
(MT 15,22–24)

„Am ersten Tag des Festes der ungesäuerten Brote gingen die Jünger zu Jesus und fragten: Wo sollen wir das Pascha-mahl für dich vorbereiten? Er antwortete: Geht in die Stadt zu dem und dem und sagt zu ihm: Der Meister lässt dir sa-gen: Meine Zeit ist da; bei dir will ich mit meinen Jüngern das Paschamahl feiern."
(MT 26,17–18)

„Als Jesus vor dem Statthalter stand, fragte dieser: Bist du der König der Juden? Jesus antwortete: Du sagst es."
(MT 27,11–12)

EL GRECO: CHRISTUSKOPF (1580/85)

▐ Gerade im Matthäus-Evangelium wird die jüdische Herkunft Jesu immer wieder betont. Beim Verfasser handelt es sich wahrscheinlich um einen Schüler der ersten Apostel, die Jesus noch fest in der jüdischen Religion verankert sahen. Die Darstellung in diesem Evangelium versucht, Jesus als den prophezeiten Messias Israels zu zeigen, als König der Juden, nicht aber als Gottessohn der Christen. Wir werden später sehen, dass dieses jüdische Bekenntnis nicht von Christen geteilt wurde.

Aufgaben:

◎ Was erfahrt ihr durch diese Bibelstellen über das Judentum? Welche bestimmten Traditionen oder jüdischen Einrichtungen werden angesprochen?

◎ Was erfahrt ihr über den Juden Jesus? Scheint er antijüdisch eingestellt oder – ganz im Gegenteil – eher intolerant in Bezug auf Nicht-Juden? Diskutiert gemeinsam diese Fragen und berücksichtigt dabei die entspre-chenden Bibelstellen.

Eines ist so sicher wie das
Amen in der Kirche: Jesus
war ein Jude, seine Religion
war die jüdische, er glaubte
in jüdischer Weise an Gott.
Eine Christologie darf unter
allen Umständen nicht an der
jüdischen Religion vorbeige-
hen. Jesu Konzept von Gott
muß sich in sie einfügen,
andernfalls paßt Jesus nicht
in sie hinein.

(AUS: H.M. KUITER IN: DAS CHRISTENTUM.
PATMOS 2004. S. 14.)

© Verlag an der Ruhr ▪ Postfach 10 22 51 ▪ 45422 Mülheim an der Ruhr ▪ www.verlagruhr.de ▪ ISBN 3-86072-923-3

Jesus, der Messias?

❚ Im Evangelium nach Matthäus findet sich eine Stelle, die beispielhaft zeigt, welches christliche Jesus-Bild problematisch für die Juden ist:

„Als Jesus in das Gebiet von Cäsarea Philippi kam, fragte er seine Jünger: Für wen halten die Leute den Menschensohn? Sie sagten: Die einen für Johannes den Täufer, andere für Elija, wieder andere für Jeremia oder sonst einen Propheten. Da sagte er zu ihnen: Ihr aber, für wen haltet ihr mich? Simon Petrus antwortete: Du bist der Messias, der Sohn des lebendigen Gottes! Jesus sagte zu ihm: Selig bist du, Simon Barjona, denn nicht Fleisch und Blut haben dir das offenbart, sondern mein Vater im Himmel."
(MT 16,13–17)

Die messianische Tradition

Messias (hebräisch: Maschiach) bedeutet übersetzt „Gesalbter" und meint eigentlich Könige, Herrscher und Auserwählte. Im Judentum ist der Glaube an die Ankunft eines Messias, der als Herrscher eines neuen Reiches von Frieden und Gerechtigkeit kommt, tief verankert. Die Juden glauben daran, dass Gott erst am Ende der Welt dem Volk Israel nicht das Chaos, sondern allen Völkern Heil bringen wird. Als Vorbote dieser Gottesherrschaft wird der Messias als prophetischer König der Endzeit ankommen und die neue Herrschaft damit einleiten. Im Alten Testament findet sich bei Jesaja die „Ankündigung des messianischen Reiches" *(Jes 11)*. Dieser Messias wird das Volk Israel aus seinem Leid und der ständigen Verfolgung erlösen.
In dieser Tradition war es für die ersten Gemeinden gar nicht so wichtig, wer und was Jesus genau war. Er war der Messias, der wiederkommen würde, um die endgültige Gottesherrschaft zu verwirklichen. Ihr Glaube bestand in der Hoffnung auf die Wiederkehr Jesu. Für sie war die Endzeit angebrochen, das Weltende war ganz nah.

Der Messias: Vergangenheit oder Zukunft?

Jesus von Nazareth war Jude – soviel steht unbestritten fest. Heute ist es jedoch nur das Christentum, das an Jesus von Nazareth als den Messias und sogar als Gottes Sohn glaubt. Die heutigen Juden erwarten ihren Messias noch und erkennen in Jesus nur einen besonderen Propheten.
Da der Messias nur den Juden versprochen war, erklärt sich der Streit darüber, ob Heiden überhaupt getauft werden durften. Und wenn, dann nur, wenn sie vorher durch die Beschneidung Juden geworden waren.

> *„An der Frage, ob Jesus der Messias war, scheiden sich die Geister, scheiden sich auch Judentum und Christentum. War er der erhoffte Heilsbringer Israels, dann haben Juden keinen Grund für ein separates Judentum. War er es nicht, haben Christen keinen Grund für ein separates Christentum? Aber was bedeutet eigentlich ‚Jesus ist der Messias der Juden?'"*
>
> (AUS: KLAUS BERGER: JESUS. PATTLOCH 2004. S. 462.)

GIOVANNI BELLINI: DAS BLUT DES ERLÖSERS (UM 1500)

Aufgabe:

◎ Erklärt: Aus welchen Gründen ist das Judentum mit der oben angeführten Bibelstelle nicht einverstanden? Worin liegt das Problematische des Jesus-Bildes?

> *„Man darf nun wahrhaft gespannt sein, wie die heutige Theologie mit dem Problem fertig wird, diesen auf das Judentum fixierten, die „Heiden" verachtenden, diesen das nahe Weltende verkündenden Jesus der jüdischen Tradition als den Stifter der weltumspannenden christlichen Mission, als den Bringer überzeitlicher Ethik und heutiger religiöser Impulse vorzuführen [...]"*
>
> (AUS: RUDOLF AUGSTEIN: JESUS MENSCHENSOHN. DTV 2003. S. 110.)

© Verlag an der Ruhr ▪ Postfach 10 22 51 ▪ 45422 Mülheim an der Ruhr ▪ www.verlagruhr.de ▪ ISBN 3-86072-923-3

Vater, Sohn und Heiliger Geist?

Wie war eine solch komplizierte Formel zustande gekommen?

Im Neuen Testament wird von Jesus, dem Sohn Gottes, von seinem Vater und vom Heiligen Geist erzählt. Jesus selbst bezeichnet sich als Sohn Gottes (z.B. Lk 10,22) und beschwört darüber hinaus den Heiligen Geist.

„Maria, seine Mutter, war mit Josef verlobt; noch bevor sie zusammenge-kommen waren, zeigte sich, dass sie ein Kind erwartete – durch das Wirken des Heiligen Geistes."
(MT 1,18)

„Der Beistand aber, der Heilige Geist, den der Vater in meinem Namen sen-den wird, der wird euch alles lehren und euch an alles erinnern, was ich euch gesagt habe. Frieden hinterlasse ich euch, meinen Frieden gebe ich euch; nicht einen Frieden, wie die Welt ihn gibt, gebe ich euch."
(JOH 14,26–27)

▌ Von Beginn des Christentums an wurden die Beziehungen zwischen Jesus, Gott dem Vater und dem Heiligen Geist diskutiert. Im 4. Jahrhundert wurde aus diesen Diskussionen ein heftiger Streit, in dem unterschiedliche Stand-punkte deutlich wurden, z.B.:

▸ Jesus ist mit Gott identisch.
▸ Der Heilige Geist ist eine eigenständige „Person" und ebenfalls göttlich.
▸ Gott meint Jesus genauso wie den Vater und auch den Heiligen Geist.
▸ Jesus Christus ist Gottvater untergeben, der noch mehr verehrt werden muss.

> *„Ich glaube an Gott, den Vater, den Allmächtigen, den Schöp-fer des Himmels und der Erde. Und an Jesus Christus, seinen eingeborenen Sohn, unsern Herrn, empfangen durch den Heiligen Geist [...]"*
> (AUS DEM CHRISTLICHEN GLAUBENS-BEKENNTNIS)

Die Dreifaltigkeit

Der Vater ist der Sohn ist der Heilige Geist. Dieser Satz präsentiert ein frühes – und noch bestehendes – Dogma der christlichen Kirche. Seit 325 darf innerhalb der christ-lichen Kirche nicht mehr zwischen Jesus, seinem Gottvater und dem Heiligen Geist unterschieden wer-den. Sie ergeben zu dritt nur einen Gott.

Die Konzile von Nicäa und Konstantinopel

Um den Streit zu beenden, ruft Kaiser Konstantin 325 die christlichen Bischöfe im ersten Konzil von Nicäa zusammen. Hier wird für alle Gemeinden verbindlich festgelegt, dass der Vater mit dem Sohn ein Wesen bildet und sie daher nicht getrennt werden können.

Jahrzehnte später (381) treffen sich auf dem **Konzil von Konstantinopel** die Kirchenvertreter erneut und beschließen, dass von nun an im christlichen Denken auch der Heilige Geist einen Teil der göttlichen Kraft darstellt. Auf diesen beiden Konzilen entstehen auch erste Versionen des christli-chen **Glaubensbekenntnisses**, das neben dem **Vaterunser** heute das bekannteste Gebet darstellt und in dem das Dogma der Dreifaltigkeit schriftlich formuliert ist.

JESUS DER DREIFALTIGE IN EINER KIRCHE AUF KUBA

Aufgabe:

◉ Versucht, das Dogma der Dreifaltigkeit mit euren eigenen Worten zu erklären. Wie versteht ihr selbst die Aufspaltung des Gottesbildes in Vater, Sohn und den Heiligen Geist?

© Verlag an der Ruhr ▪ Postfach 10 22 51 ▪ 45422 Mülheim an der Ruhr ▪ www.verlagruhr.de ▪ ISBN 3-86072-923-3

Jesus: Gottessohn oder Menschenkind?

Halb Mensch – halb Gott?

Diskussionen über Jesus, sein Leben und Wirken, seine Botschaft und seinen Tod enden meist in der Frage, ob Jesus nun wirklich Gott war oder aber ein Mensch mit besonderen Fähigkeiten und einer starken Ausstrahlung.

> „Über Jahrhunderte hinweg entzweiten sich Männer und Frauen an der Frage: ‚Wer ist Jesus?' Doch warum birgt diese Frage so viel Konfliktstoff in sich? Warum verursacht sein Name so viel Aufruhr; mehr als der jedes anderen religiösen Führers? [...] Was unterscheidet Jesus von anderen religiösen Führern? Warum liegt in den Namen Buddha, Mohammed und Konfuzius weniger Zündstoff? Sie alle behaupten nicht, selbst Gott zu sein, wie es Jesus tat. Hier liegt wohl der Hauptunterschied."
>
> (AUS: JOSH MCDOWELL: WER IST DIESER MENSCH? CHRISTLICHE LITERATUR-VERBREITUNG 2004. S. 11.)

Monophysitismus

Monophysitismus nennt man den theologischen Standpunkt, dass Jesus eine einzige („mono") und ausschließlich göttliche Natur besitzt. Die christliche Kirche geht seit 451 offiziell von einer göttlichen und menschlichen Doppelnatur Jesu aus. Daneben gibt es aber auch heute noch einige Kirchen, die eine streng monophysitistische Position vertreten: z.B. die äthiopisch-orthodoxe, die armenische und die koptische Kirche (christliche Nationalkirche Ägyptens).

Das Konzil von Chalkedon

Der Streit um die göttliche Natur Jesu ist genauso alt wie die Geschichte des Christentums selbst. Schon die ersten Apostel fragten sich: Wir haben Jesus als Mensch erlebt, feiern ihn aber auch als Sohn Gottes. Wir kennen seine leibliche Mutter Maria, glauben aber an die Auferstehung zum göttlichen Vater. Wer also ist Jesus: Halb Gott und halb Mensch? Gott in Menschengestalt? Ein hochstapelnder Mensch?

Jesus muss aber immer auch Gott sein, damit das Christentum im Gegensatz zum Judentum eine Existenzberechtigung besitzt. Die Christen glauben an Jesus Christus, Gottes Sohn, als ihre zentrale religiöse Figur. Daher gab die christliche Kirche im Jahr 451 n. Chr. schließlich allen Zweifeln und Fragen eine offizielle Antwort. Der damalige römische Kaiser veranstaltete auf Wunsch von Papst Leo I. in Chalkedon, im Nordwesten der heutigen Türkei, eine große Kirchenversammlung (Konzil). 600 Bischöfe diskutierten in 17 Sitzungen über den so genannten „Monophysitismus". Das Konzil fand vom 8. Oktober bis Anfang November 451 statt und verurteilte abschließend monophysitistische Positionen. Statt dessen legten nun alle Kirchenvertreter fest, dass Jesus zwei Naturen besitze, eine menschliche und eine göttliche, die voneinander nicht getrennt werden können. Damit steht für den christlichen Glauben fest, dass Jesus nicht einfach nur ein Mensch war, sondern gleichzeitig auch Gott ist.

Seitdem ist der Jesus des Christentums immer auch Jesus Christus, der Gesalbte, der Auferstandene – Gottes Sohn.

Aufgabe:

◎ Warum ist die doppelte Natur Jesu so wichtig für das Christentum? Denkt dabei an die wichtigsten Unterschiede zwischen der jüdischen und der christlichen Religion.

© Verlag an der Ruhr ▪ Postfach 10 22 51 ▪ 45422 Mülheim an der Ruhr ▪ www.verlagruhr.de ▪ ISBN 3-86072-923-3

Der Beginn des Mythos

Die Geburt Jesu wird erst etwas Besonderes durch den Mythos von Opfertod und Auferstehung.

„Doch was bedeutet heute Auferstehung, Himmelfahrt, das Kommen des Heiligen Geistes, die Wiederkunft Christi am Ende, Erlösung durch Kreuz und Auferstehung? Bedeutet es überhaupt etwas? [...] Das führt dazu, daß immer mehr Christen sagen, daß sie keinen Glauben mehr an die alten Lehren haben, daß sie irrelevant sind. Es ist tragisch, alle Teile der Jesus-Erzählung als historische Wahrheiten zu behandeln, statt als Beiträge zu einem großartigen Mythos, der unser Leben erhellt. Es mangelt den Gläubigen nicht an Glauben – sie weigern sich einfach, leichtgläubig zu sein. [...] Wenn die Christen sie nicht als Mythologie lesen dürfen, werden sie keine andere Wahl haben, als das Christentum aufzugeben.“

(AUS: PETER DE ROSA: DER JESUS-MYTHOS. KNAUR 1993. S. 388.)

„So wenig Jesusworte mit einiger Sicherheit auf ihn zurückgeführt werden können, so eindeutig kann der Unterschied bestimmt werden zwischen dem uns in den Evangelien als historisch vorgestellten Jesus und der Christusfigur der christlichen Kirchen.“

(AUS: RUDOLF AUGSTEIN: JESUS MENSCHENSOHN. DTV 2003. S. 101.)

Die Auferstehung

„Die Kreuzigung ist die entehrendste, die schändlichste, die qualvollste Todesstrafe im römischen Recht. So werden Verbrecher und Sklaven hingerichtet.“

(AUS: CAY RADEMACHER: WER WAR JESUS? GEO 01/2004. S. 139.)

ALBRECHT DÜRER: (AUSSCHNITT) DER TOTE CHRISTUS MIT DER DORNENKRONE (1503), KOHLE AUF BRÄUNLICHEM PAPIER

▌Der Tod am Kreuz galt im römischen Reich sowohl unter Juden als auch römischen Besatzern als besonders unehrenhafter Tod, der als Strafe für Schwerverbrecher verhängt wurde. Gerade wegen der Kreuzigung zweifelt man im Judentum die besondere Rolle Jesu an, die er im Christentum besitzt. Damit der gekreuzigte Jesus überhaupt zu Jesus Christus, dem Messias der Christen, werden konnte, musste die entehrende Kreuzigung durch ein besonderes Wunder aufgewertet werden. Die wundersame Auferstehung des begrabenen Jesus von den Toten mit all ihren Ausschmückungen (Grabplatte, ungläubige Jünger etc.) präsentiert ein solches Wunder und markiert damit den Beginn der **Wandlung von Jesus zu Jesus**

Christus, dem auferstandenen Sohn Gottes *(vgl. Lk 24,1 – 12).* Der Glaube an die Auferstehung Jesu nach der Kreuzigung bildet daher einen der wichtigsten und ersten Momente des neuen christlichen Glaubens im

„Das leere Grab ist das sichtbare Zeichen für die Auferstehung Jesu, es ist der Ursprungsort für den neuen Glauben an Jesus Christus, den Auferstandenen. Und so wird das Osterfest, an dem der Auferstehung gedacht wird, zum ältesten und bedeutendsten Fest der christlichen Kirche.“

(AUS: LEO STROHM: 2000 JAHRE CHRISTENTUM. PATTLOCH 2004. S. 18.)

Unterschied zum jüdischen. Denn erst die Tatsache, dass Jesus in den Himmel an die Seite seines Vaters aufgefahren ist, macht ihn zu einem göttlichen Wesen, mit übermenschlichen Kräften und Fähigkeiten.

Aufgabe:

◎ Fasst selbst noch einmal zusammen: Warum ist das Wunder der Auferstehung so wichtig für das Christentum?

© Verlag an der Ruhr ▪ Postfach 10 22 51 ▪ 45422 Mülheim an der Ruhr ▪ www.verlagruhr.de ▪ ISBN 3-86072-923-3

Hoffnung auf das Reich Gottes

Die Hoffnung auf Wiederkehr

In Jerusalem bildete sich nach dem Tod Jesu der Gemeindekern seiner Anhänger. Zentrale Figuren dieser Gruppe waren erst **Petrus** und dann **Jakobus**, der so genannte „Herrenbruder", bei dem es sich wahrscheinlich um einen leiblichen Bruder Jesu handelte. Die Jerusalemer Gemeinde um Jakobus fühlte sich als besonderer Teil des Judentums, als **Judenchristen**. In den folgenden Jahren wuchs die Zahl ihrer Mitglieder immer stärker an. Gemeinsam hofften sie auf eine Rückkehr Jesu und mit ihm des Reich Gottes. Immerhin hatte Jesus dieses Reich selbst angekündigt und es als bald eintretend in Aussicht gestellt:

> „Amen, ich sage euch: Von denen, die hier stehen, werden einige den Tod nicht erleiden, bis sie gesehen haben, dass das Reich Gottes in (seiner ganzen) Macht gekommen ist."
> (Mk 9,1)

Für die Juden war damit auch eine politische Bedeutung verbunden, da sie glaubten, dass Jesus bei seiner Rückkehr und beim Beginn des himmlischen Reiches auch die heidnischen Besatzer, die Römer, bestrafen und vertreiben würde.

Da die frühen Gemeinden vollkommen überzeugt waren, dass sich diese Rückkehr Jesu sehr bald ereignen würde, kümmerten sie sich zunächst nicht um eine strenge Organisation der Gemeinde. Man traf sich zu lockeren Zusammenkünften und verzichtete auf eine bürokratische Verwaltung. Mit der Zeit aber wurde klar, dass Jesus offensichtlich auf sich warten ließ.

> „Das Christentum stieg auf wie eine Rakete mit dreistufigem Treibsatz, jede Stufe ein explosiver Irrtum: Erst Jesu Irrtum, daß die jüdischen Endzeit gekommen sei, dann der Irrtum seiner Anhänger, er sei auferstanden, und schließlich der Irrtum des Paulus und der Synoptiker, er werde demnächst wiederkommen und alle Welt richten. Keine andere Lehre gebot über so mächtige Irrtümer, denen aber Zeit gelassen wurde, sich in weniger rasch zu widerlegende Illusionen zu transformieren."
>
> (AUS: RUDOLF AUGSTEIN: JESUS MENSCHENSOHN. DTV 2003. S. 128.)

Das immer längere Warten auf das Reich Gottes und die Rückkehr des Messias besaß direkte Folgen für die christlichen Jünger. Sie mussten sich nun auf längere Zeit einrichten, sich organisieren und eine innere Struktur errichten. Also bildeten sich neue Gemeindemodelle, die sich selbst verwalteten und erste Ämter (Prediger, Gemeindeverwalter) aufbauten.

Aufgabe:

◎ Warum hofften die Anhänger Jesu auf seine schnelle Rückkehr? Findet ihr in der Apostelgeschichte Stellen, die sich auf die angebliche Rückkehr Jesu beziehen?

Parusie

Parusie kommt aus dem Griechischen, wo es „die Ankunft" bedeutet. Im Christentum ist damit die Wiederkunft Jesu und mit ihm das Kommen des Reichs Gottes gemeint. Die ersten Christen glaubten schon unmittelbar nach der Auferstehung, dass Jesus schon bald zurückkommen und das Jüngste Gericht halten werde. Diese anfängliche Hoffnung nennt man auch die „Naherwartung". Heutzutage geht die christliche Kirche davon aus, dass der Zeitpunkt der Parusie nicht vorhersehbar sei.

> „Strittig ist unter Exegeten [Bibeldeutern] lediglich, ob Jesus sozusagen eine Art Termin (noch zu Lebzeiten einiger Zuhörer) genannt hat; unstrittig ist, daß er das ‚Reich Gottes' für nah und sogar für schon gegenwärtig erklärt hat."
>
> (AUS: RUDOLF AUGSTEIN: JESUS MENSCHENSOHN. DTV 2003. S. 103.)

DIERIC BOUTS: DER WEG ZUM PARADIES (UM 1468)

© Verlag an der Ruhr ■ Postfach 10 22 51 ■ 45422 Mülheim an der Ruhr ■ www.verlagruhr.de ■ ISBN 3-86072-923-3

Die Jerusalemer Urgemeinde

Hebräer und Hellenisten

Die Jerusalemer Gemeinde bestand aus zwei unterschiedlichen Gruppen: den aramäisch sprechenden einheimischen Juden (Hebräer), zu denen auch die Apostel Petrus und Johannes gehörten, und den griechisch sprechenden Hellenisten. Jerusalem war zu dieser Zeit eine hellenistisch-hebräische Stadt, da ca. 15%–20% der Bevölkerung Griechisch als Muttersprache besaßen. Daher mussten auch die ersten Gottesdienste in zwei Sprachen gehalten werden. Historiker und Theologen gehen heute davon aus, dass von Beginn an ein Kampf zwischen diesen beiden Gruppierungen einerseits und den Aposteln und der Familie Jesu andererseits bestand – auch wenn z.B. die Apostelgeschichte ein sehr friedliches Bild dieses Zusammenlebens vermittelt. Jakobus, der Bruder Jesu, konkurrierte anfangs mit Petrus, dem Oberhaupt der Apostel. Gemeinsam leiteten sie dann aber die Jerusalemer Urgemeinde, konnten den Streit mit den Hellenisten jedoch nicht beseitigen.

Aufgaben:

◎ Welche Gruppen gab es nach Jesu Tod innerhalb der Jerusalemer Gemeinde? Was waren die Unterschiede? Versucht, ein Schaubild zu zeichnen.

◎ Wer war Stephanus: „nur" ein Märtyrer oder eines der ersten christlichen Opfer, das wegen eines angeblich „falschen Glaubens" sterben musste?

Vertreibung der Hellenisten

Nur einige Jahre nach Jesu Auferstehung kam es zum großen Streit, da sich die Hellenisten zurückgesetzt fühlten.

„In diesen Tagen, als die Zahl der Jünger zunahm, begehrten die Hellenisten gegen die Hebräer auf, weil ihre Witwen bei der täglichen Versorgung übersehen wurden. Da riefen die Zwölf [die Apostel] die ganze Schar der Jünger zusammen und erklärten: Es ist nicht recht, dass wir das Wort Gottes vernachlässigen und uns dem Dienst an den Tischen widmen. Brüder, wählt aus eurer Mitte sieben Männer von gutem Ruf und voll Geist und Weisheit; ihnen werden wir diese Aufgabe übertragen."
(APOSTELGESCHICHTE 6,1–3).

Bei den „sieben Männern" handelt es sich also um eine interne „Führungsschicht" der Hellenisten, die von den Aposteln bestimmt wird. Zu diesen Leitfiguren gehören neben dem Anführer **Stephanus** sechs hellenistische Juden. Obwohl der Streit zunächst also geschlichtet werden konnte, wurden die Unterschiede zwischen beiden Gruppen immer deutlicher. Es gab im Grunde keine einheitliche Jerusalemer Gemeinde mehr, sondern zwei voneinander getrennte Gemeindekerne. Die Hellenisten waren dabei weitaus liberaler eingestellt als die Hebräer und verzichteten auf einige der strengen jüdischen Riten. Damit provozierten sie den Zorn nicht nur der hebräischen Urgemeinde, sondern auch der konservativen jüdischen Priester und Schriftgelehrten (Pharisäer), die mit den römischen Besatzern zusammenarbeiteten.

„Schon seit einiger Zeit kommt es immer wieder zu Meinungsunterschieden zwischen den in Palästina lebenden Juden und denen in der griechisch sprechenden Diaspora [jüdischen Gemeinde], den sogenannten ‚Hellenisten'. Sie haben sich dem Einfluß der griechischen Sprache und Kultur geöffnet und entfernen sich langsam von den alten hebräischen Traditionen. [...] Ihr Wortführer in Jerusalem ist ein junger Mann namens Stephanus. Er macht in einer öffentlichen Rede seiner Verärgerung über die jüdischen Traditionalisten Luft und greift darin vor allem die gesetzestreuen Juden an. In einem Akt von Lynchjustiz wird er gesteinigt. Nur wenige Jahre nach der Kreuzigung hat die junge Gemeinde ihren ersten Märtyrer [für den Glauben Gestorbener]."
(AUS: LEO STROHM: 2000 JAHRE CHRISTENTUM. PATTLOCH 2004. S. 19.)

Schließlich wurden die Hellenisten einem Beschluss des ersten Apostelkonzils (ca. 48) in Jerusalem folgend aus der Jerusalemer Gemeinde verbannt. Gerade diese Vertreibung sorgte jedoch dafür, dass sich die junge Gemeinde schnell ausbreitete. Die griechisch sprechenden Anhänger Jesu predigten überall ihren neuen Glauben, der von Jesus Christus als Sohn Gottes erzählte.

© Verlag an der Ruhr ■ Postfach 10 22 51 ■ 45422 Mülheim an der Ruhr ■ www.verlagruhr.de ■ ISBN 3-86072-923-3

Jesus als Prediger

Das Pfingstereignis:

Das Neue Testament erzählt in einer aufsehenerregenden Geschichte, wie sich der christliche Glaube so erfolgreich und in so vielen Ländern ausbreiten konnte. Den Anfang machte – so erzählt es zumindest die Apostelgeschichte – die plötzliche Vielsprachigkeit der Apostel. Hier wird beschrieben, wie bei dem so genannten Pfingstereignis der Heilige Geist in die 12 Apostel fährt, so dass sie plötzlich die Fähigkeit besitzen, in allen möglichen Sprachen reden und predigen zu können. Daraufhin fordert der Apostel Petrus seine Mitapostel auf, in die Welt hinauszugehen, um die Botschaft Jesu zu verkünden:

„Da kam plötzlich vom Himmel her ein Brausen, wie wenn ein heftiger Sturm daherfährt, und erfüllte das ganze Haus, in dem sie waren. Und es erschienen ihnen Zungen wie von Feuer, die sich verteilten; auf jede von ihnen ließ sich eine nieder. Alle wurden mit dem Heiligen Geist erfüllt und begannen, in fremden Sprachen zu reden, wie es der Geist ihnen eingab."
(APOSTELGESCHICHTE 2,2–4)

„Die Geschichte der ersten dreihundert Jahre des Christentums lässt sich in einem einzigen, fast reißerischen Satz zusammenfassen: Eine kleine, verfolgte Sekte aus der judäischen Provinz wird zur Staatskirche des römischen Weltreiches. Wie lässt sich das erklären?"
(AUS: LEO STROHM: 2000 JAHRE CHRISTENTUM. PATTLOCH 2004. S. 28.)

Jesus predigt

Die Evangelien berichten von dem Missionsbestreben des Jesus von Nazareth. Bemerkenswert sind dabei die Zielgruppen, an die sich – so zumindest die Anweisung Jesu nach dem Matthäus-Evangelium – die Jünger richten sollten, und der Inhalt der Verkündigung:

„Geht nicht zu den Heiden und betretet keine Stadt der Samariter, sondern geht zu den verlorenen Schafen des Hauses Israel. Geht und verkündet: Das Himmelsreich ist nahe."
(MT 10,5–7)

Das Evangelium nach Matthäus grenzt im Gegensatz zu den anderen Evangelien die Gruppe der zu Bekehrenden eher auf das jüdische Volk ein. Gleichzeitig stellt sich die Frage, was Jesus mit dem nahen Himmelsreich meinte. Hat er durch seine Verheißung irrige Hoffnungen bei seinen Anhängern geweckt? Tatsächlich prägten einerseits die Frage, ob Jesu Botschaft nur für Juden oder aber für alle Menschen bestimmt sei, und andererseits die Frage nach dem Termin der Wiederkehr Jesu und damit dem Beginn des göttlichen Reiches die Jahrzehnte nach Jesu Tod. Dass beide Fragen beantwortet wurden, lag nicht zuletzt an Jesus Nachfolgern, die sich bemühten, für sich selbst, die missionierten und noch zu gewinnenden Gemeindemitglieder Antworten zu finden. Zumindest nach dem Matthäus-Evangelium erscheint es unwahrscheinlich, dass Jesus eine neue Kirche gründen wollte. Die Missionare in der Nachfolge Jesu wollten schließlich Menschen von der neuen Botschaft überzeugen und mussten daher offene Fragen und Zweifel möglichst überzeugend beseitigen.

GIOTTO DI BONDONE: PFINGSTEN (UM 1300)

Aufgabe:

◎ Wie stellt ihr euch die christliche Missionierung im 1. Jahrhundert n. Chr. vor? Schlagt in Geschichtsbüchern nach oder recherchiert im Internet, wie die Reise- und Verkehrsbedingungen damals aussahen. Wie wurde die Botschaft Christi wohl weitergetragen?

© Verlag an der Ruhr ▪ Postfach 10 22 51 ▪ 45422 Mülheim an der Ruhr ▪ www.verlagruhr.de ▪ ISBN 3-86072-923-3

Anfänge der Missionierung

▌Der Missionsauftrag war für die Urchristen nicht von Beginn an so wichtig. Aber nun, da klar war, dass der Messias noch ein wenig auf sich warten lassen würde, konnte man die Zeit nutzen und seine Botschaft weitererzählen. Die Gemeindemitglieder fragten sich: Wer soll missioniert werden? Hier war man sich nicht einig: Die Jerusalemer Urgemeinde war davon überzeugt, dass die Botschaft Jesu ausschließlich für Juden bestimmt sei. Das Christentum war hier noch nicht als eigene Religion angedacht, sondern sollte eine Vervollkommnung des Judentums sein (man spricht auch von den Judenchristen). Aber es gab auch andere Stimmen, die alle Missionare aufforderten, auch Heiden zu taufen (Heidenchristen). Bevor das Christentum überhaupt erst eine eigene Religion werden konnte, stellte sich die Frage: Ist die neue Gemeinde nur eine besondere Strömung des Judentums oder wird gerade eine vollkommen eigenständige Religion gegründet?

ZOPPO: HL. PAULUS (UM 1470) (AUSSCHNITT)

Petrus und Jakobus:

Der Apostel Petrus gilt heute als erster Stellvertreter Jesu, dem Jesus persönlich vor seinem Tod die neue Gemeinde anvertraut hatte. Gemeinsam mit Jakobus, dem Herrenbruder (wahrscheinlich Jesu Bruder), vertritt Petrus vor allem die hebräische, streng an jüdischen Ritualen festhaltende frühe Urgemeinde Jerusalems. Erst langsam löst Petrus sich von den jüdischen Vorschriften und tauft später auch Heiden, die Christen werden wollen. Als einer der ersten christlichen Missionare erreicht er Rom, um dort die Botschaft Jesu Christi zu verkünden. Er ist mitverantwortlich für eine schnelle Verbreitung der neuen Lehre auch im heutigen Europa. Jakobus führt die Jerusalemer Gemeinde weiter, als Petrus seine Missionstätigkeit aufnimmt.

„[…] denn Gott, der Petrus die Kraft zum Aposteldienst unter den Beschnittenen gegeben hat, gab sie mir zum Dienst unter den Heiden – und sie erkannten die Gnade, die mir verliehen ist. […] Wir sollten zu den Heiden gehen, sie zu den Beschnittenen."
(PAULUS IN GAL 2, 8–9)

Paulus:

Paulus ist berühmt für seine Wirkung als Prediger und Redner vor Publikum, hat Jesus aber im Gegensatz zu Petrus persönlich nicht gekannt. Er gilt anfangs als direkter Gegenspieler von Petrus und Jakobus, da er die hellenistische Tradition der Jerusalemer Urgemeinde vertritt und entschieden für das Recht von Heiden kämpft, die Christen werden wollen. Paulus tauft Heiden, ohne dass sie vorher zum Judentum übertreten müssen. Paulus ist es auch, der das zentrale Problem der Urchristen, die Frage nach der Wiederkehr Jesu, zu lösen versucht: Statt der glorreichen Ankunft des versprochenen Reiches Gottes und der Vertreibung ungläubiger Heiden erleben die ersten Christen schwierige Zeiten ihres neuen Glaubens. Sie werden verfolgt, als Ketzer verprügelt oder als Unruhestifter verhaftet. Die ersten Anhänger sterben und noch immer ist kein Christus in Sicht. Aber hatte Jesus Christus nicht den Anfang einer neuen Zeit verkündet? Paulus findet eine Antwort darauf: Das neue Leben wird nicht erst mit der Wiederkehr Jesu Christi beginnen, sondern hat mit der Auferstehung schon angefangen. Die Erlösung ist bereits passiert und das neue christliche Zeitalter angebrochen. 60 n. Chr. stirbt Paulus in Rom, von Kaiser Nero zum Tode verurteilt.

Aufgabe:

◎ Was ist in dem Zitat mit dem zweifachen „Als-ob" gemeint?

„Paulus, der das Kommen seines Herrn noch zu erleben hofft, hat gleichwohl die erste Ausflucht gefunden: Tut alles so weiter, als ob! […] Aus diesem ersten Als-ob des Paulus wird bald das endgültige zweite Als-ob der Kirche: Tut so, als sei die Frist nur noch kurz bemessen! Tut so, als vergehe das Wehen dieser Welt!"
(AUS: RUDOLF AUGSTEIN, JESUS MENSCHENSOHN. DTV 2003. S. 127F.)

© Verlag an der Ruhr ▪ Postfach 10 22 51 ▪ 45422 Mülheim an der Ruhr ▪ www.verlagruhr.de ▪ ISBN 3-86072-923-3

Auch römische Statthalter, Schreiber und Beamte äußerten sich im ersten Jahrhundert n. Ch. über die neue Bewegung der Christen. Von Anfang an geriet die neue Gemeinde in Verdacht, falsche Götter zu ehren und den römischen Kaiser nicht genügend zu achten. Die folgenden drei Dokumente gehören zu den frühesten, die von den ersten Anhängern Jesu berichten:

▶ **Cornelius Tacitus:**
(geb. 55 n. Chr. in Südgallien; gest. 120 n. Chr.), römischer Geschichtsschreiber und Statthalter der Provinz „Asia"

▶ **Plinius der Jüngere:**
(geb. um 61 n. Chr.; gest. 113 n. Chr.), römischer Statthalter der Provinz „Bithynies"

▶ **Gaius Tranquillus Sueton:**
(geb. um 70 n. Chr. in Hippo Regius / heute Algerien; gest. 150 n. Chr.), Biograf des römischen Kaisers Claudius

Cornelius Tacitus: Über die Herkunft des Namen „Christen"

„Dieser Name stammt von Christus, den der Prokurator Pontius Pilatus unter der Herrschaft des Tiberius zum Tod verurteilt hatte. Dieser abscheuliche Aberglaube, der eine Weile verdrängt worden war, verbreitete sich von neuem nicht nur in Judäa, wo das Übel begonnen hatte, sondern auch in Rom."
(AUS: CORNELIUS TACITUS, ANNALEN, XV, 44)

Plinius der Jüngere: Über das Vorgehen gegen die Christen in seiner Provinz Bithynien in einem Brief an den römischen Kaiser Trajan:

„Man legte mir ein anonymes Schreiben vor, das die Namen zahlreicher Personen enthielt. [...] Andere, die von dem Angeber mitgenannt waren, gestanden anfangs zu, Christen zu sein, leugneten es jedoch dann wieder und behaupteten, sie seien es allerdings gewesen, aber wieder abgefallen, und zwar einige vor drei, andere vor noch mehr und manche sogar vor zwanzig Jahren. Alle diese haben ebenfalls deine Büste und die Bildnisse der Götter angebetet und Christus gelästert. Dabei versicherten sie jedoch, ihre Hauptschuld oder vielmehr ihr Hauptfehltritt habe darin bestanden, dass sie immer an einem bestimmten Tage vor Sonnenaufgang zusammengekommen seien, auf Christus wie auf einen Gott abwechselnd ein Lied gesungen und sich durch einen feierlichen Eid nicht etwa zu einem Verbrechen verpflichtet hätten, sondern dazu, dass sie keinen Diebstahl, keinen Raub, keinen Ehebruch begehen, kein Wort brechen und kein anvertrautes Gut unterschlagen wollten."
(AUS: 96. BRIEF AN KAISER TRAJAN)

Gaius Tranquillus Sueton:
Über die Vertreibung der Juden im Jahr 49 n. Chr.

„Über die Christen, Menschen, die sich einem neuen und gefährlichen Aberglauben ergeben hatten, wurde die Todesstrafe verhängt."
(AUS: SUETON, NERO, XVI)

JAMES BARRY: JUPITER UND JUNO
AUF DEM BERG IDA (UM 1790/99)

Die Götter der Römer

Bevor das Christentum zur Staats- und dann zur Weltreligion wurde, glaubten die alten Römer an viele Götter. Die meisten hatten sie von den Griechen übernommen und nur umbenannt. Jeder Gott war für bestimmte Lebensbereiche zuständig. Jupiter war der Götterkönig und herrschte über Donner und Blitz. Juno war die Göttin der Frauen und wurde bei Geburten um Hilfe gebeten. Merkur war der Gott des Handels und der Diebe, außerdem der Bote Jupiters. Minerva war die Göttin der Weisheit, der Kunst und des Krieges. Bacchus war der Gott des Weines. Die Römer widmeten den Göttern ihre Tempel und ernannten Priester und Priesterinnen, die die Tempel hüteten.

© Verlag an der Ruhr ■ Postfach 10 22 51 ■ 45422 Mülheim an der Ruhr ■ www.verlagruhr.de ■ ISBN 3-86072-923-3

Die ersten Christen

Die neue Botschaft reist weiter

Der gesamte Mittelmeerraum gehörte zum römischen Reich (**Imperium Romanum**) und war durch ein organisiertes Verkehrsnetz miteinander verbunden. Außerdem war überall Griechisch die gültige Verkehrssprache. Nachrichten konnten sich leicht in relativ rasantem Tempo verbreiten. Daneben existierten überall außerhalb Palästinas jüdische Gemeinden, die regelmäßig Pilgerreisen nach Jerusalem organisierten. Ganze Scharen von Menschen bereisten Palästina und nahmen von dort Neuigkeiten, Gerüchte und Nachrichten mit.

In Antiochien, dem heutigen türkischen Antakya, wurden Jesu Jünger bereits in den ersten Jahren nach Jesu Tod zum ersten Mal **Christen** genannt. So jedenfalls erzählt es die Apostelgeschichte *(11,26)*. Offenbar erhielten sie diesen neuen Namen, weil sie immer von Christos, dem Gesalbten, sprachen. Die judenchristlichen Gemeinden Antiochiens gaben die alten, jüdischen Traditionen und Rituale immer mehr auf. Sie verzichteten auf die Beschneidung der Männer, auf kosheres Essen und andere jüdische Gesetze. Zum ersten Mal wurden hier auch Heiden, also Ungetaufte, missioniert. Damit musste man nun, um Christ zu werden, nicht erst zum Judentum übertreten. In Antiochien fand der Auftakt zur Entstehung des Christentums als einer eigenen – vom Judentum getrennten – Religion statt.

Die Anfänge der Verfolgung

Das römische Weltreich scheint zunächst nicht der geeignete Platz für den jungen Glauben zu sein. Die Botschaft Jesu, dass alle Menschen gleich seien, von der Prostituierten bis zum Kaiser, gefällt vor allem den Mächtigen nicht. Der römische Kaiser Nero regiert von 54–68 und beginnt mit der ersten systematischen Christenverfolgung überhaupt.

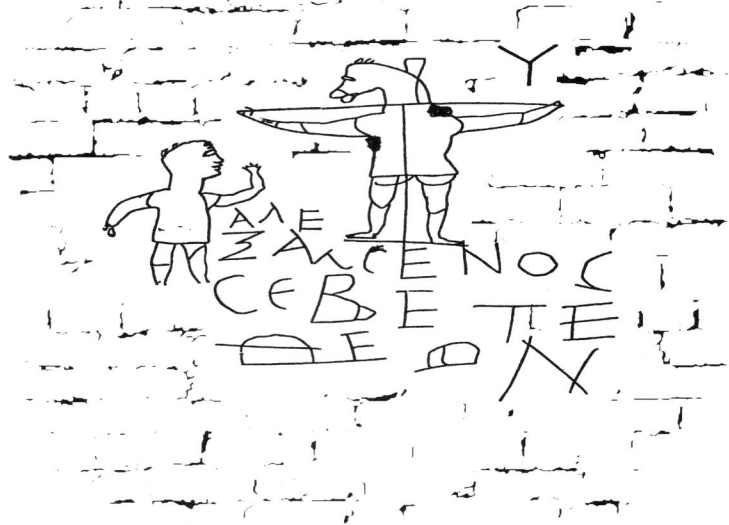

JESU TOD AM KREUZ WURDE VON HEIDEN OFT VERSPOTTET. HIER SEHT IHR EIN ANTIKES SPOTTKREUZ, DAS 1856 IN ROM GEFUNDEN WURDE. DER GRIECHISCHE TEXT LAUTET: „ALEXAMENOS VEREHRT SEINEN GOTT."

Der römische Kaiser Nero

Nero ist von 54–68 römischer Kaiser. Heutzutage gilt er als Psychopath auf dem römischen Kaiserthron. Seine Karriere verdankte er zahlreichen Morden, die seine Gegner aus dem Weg räumten. So musste sein Vorgänger, Kaiser Claudius, ebenso sterben wie sein Stiefbruder. Außerdem ließ Nero erst die eigene Mutter und später auch seine erste Frau ermorden. In der Öffentlichkeit gab Nero sich gern als Sänger, Schauspieler und genialer Künstler. In der Nacht vom 18. zum 19. Juli 64 brach in Rom ein Brand aus, der innerhalb von nur wenigen Tagen einen großen Teil der Stadt vernichtete. Der Legende nach hat Nero selbst den Brand legen lassen, um anschließend ein noch prächtigeres Rom aufzubauen. Nero selbst machte die junge Christengemeinde in Rom dafür verantwortlich und verurteilte zwischen 200 und 300 Christen zu brutalen Todesstrafen. 68 beging Nero Selbstmord.

„Wer sich der Verehrung der römischen Götter verweigert, der verweigert sich auch dem römischen Staat. In der Geschichte wird oft gesprochen von blutrünstigen Christenverfolgungen mit Tausenden von Märtyrern. Tatsächlich gingen die Kaiser mit den Christen relativ milde um, das wissen wir aus ihren Erlassen."

(AUS: BLUMENTHAL: DER DRAMATISCHE WEG ZUR WELTRELIGION. P.M. 2/2005)

© Verlag an der Ruhr ▪ Postfach 10 22 51 ▪ 45422 Mülheim an der Ruhr ▪ www.verlagruhr.de ▪ ISBN 3-86072-923-3

Rom: Die Hauptstadt der Christen

Rom als heimliches Zentrum des Christentums

Ende des 1. Jahrhunderts bilden die Christen mit 20 000–30 000 Gemeindemitgliedern eine winzige Minderheit in der Millionenstadt Rom. Alle Treffen, Messen und Rituale finden heimlich statt. Noch ist es gefährlich, ein Christ zu sein. Aber der christliche Glaube verbreitet sich schnell: Die Briefe des Paulus und die ersten biblischen Dokumente werden abgeschrieben und weitergereicht. Doch je schneller die Christengemeinde wächst, desto mehr gerät sie unter Verdacht, sich gegen die römischen Herrscher zu richten. Die Christenverfolgung hört daher mit der wachsenden Zahl an Mitgliedern nicht auf. Im Gegenteil – bis zum 4. Jahrhundert werden die Gesetze immer strenger und die Strafen für Christen immer brutaler. Die Herrschenden trauten den jungen Gemeinden nicht. Gerade das Bild eines Gottes, vor dem alle Menschen – Sklaven, Bettler, Könige und Kaiser – vollkommen gleich sind, gefiel ihnen nicht. Außerdem glaubten sie immer noch an die eigenen Götter und fürchteten, dass diese die Bevölkerung bestrafen würden, weil die Christen einen fremden Gott anbeteten. Unter Kaiser Diocletian erreicht die strenge Haltung dem Christentum gegenüber ihren Höhepunkt. Er lässt um 300 n. Chr. die ersten christlichen Kirchen zerstören, Bücher verbrennen und verkündet, dass alle Christen von nun an keine Bürgerrechte mehr besitzen. Das betrifft nun immerhin schon fünf bis sechs Millionen Christen von ca. 50 Millionen römischen Bürgern.

Die Katakomben in Rom

Die Katakomben sind antike unterirdische Friedhöfe und wurden vor allem in Rom gleichzeitig von christlichen und jüdischen Gemeinschaften genutzt. Die vielen christlichen Katakomben haben ihren Ursprung im 2. Jh. und wurden bis Mitte des 5. Jhs. ausgebaut. Man baute dabei immer tiefer in die Erde, weil sich die Gemeinden oft nicht noch mehr Land kaufen konnten. Die Erde unter einem gekauften Landstück gehörte aber immer dem Besitzer. In den Katakomben trafen sich die Christen zu den Beerdigungsritualen, zum Jahrgedächtnis der Märtyrer und anderer Verstorbener. Während der Zeit der Christenverfolgung dienten sie nur in Ausnahmefällen als Zufluchtsort für die Feier der Messe. Die Christen nutzten sie nicht als geheimes Versteck – das ist eine reine Legende aus dem Bereich der Romane und Filme. Als Aufenthaltsort waren die Katakomben eigentlich nur für sehr kurze Zeit denkbar: Sie waren dunkel, feucht und rochen moderig. Nach dem Ende der Verfolgungszeit, vor allem zur Zeit des hl. Papstes Damasus I. (366–384), wurden die Katakomben Heiligtümer der Märtyrer, Zentren der Verehrung und des Pilgerns der Christen aus allen Teilen des römischen Reiches. Heutzutage gehören die Katakomben in Rom zu den bekanntesten Sehenswürdigkeiten der Stadt (vgl. auch die deutschsprachige Homepage zu den römischen Katakomben: www.catacombe.roma.it/de/intro.html)

> „Die geschwisterliche Gemeinschaft der Christen bildet einen scharfen Kontrast zur weitverbreiteten sozialen Kälte der antiken Gesellschaften. Zumeist sind es Menschen der Mittelschicht, die sich zum neuen Glauben bekehren, oft gemeinsam mit ihrer ganzen Familie und Dienerschaft. Sie treffen sich nach Sonnenuntergang, halten Mahl in Erinnerung an Jesu, beten und singen."
>
> (AUS: LEO STROHM: 2000 JAHRE CHRISTENTUM. PATTLOCH 2004. S. 25.)

Aufgabe:

◎ Warum bereitete die christliche Lehre den mächtigen Römern anfangs Probleme? Nennt Beispiele.

© Verlag an der Ruhr ■ Postfach 10 22 51 ■ 45422 Mülheim an der Ruhr ■ www.verlagruhr.de ■ ISBN 3-86072-923-3

Die Verfolgung der Christen

Unter Verdacht

Die Christen machten sich im römischen Reich gerade durch ihre Geschlossenheit und ihren Zusammenhalt sehr verdächtig und zogen die Aufmerksamkeit auf sich. Weil man diese junge Glaubensgemeinschaft nicht kannte, entstanden wilde Gerüchte um die heimlichen Zusammenkünfte der Christen. Schon in den Gebieten des jüdischen Einflussbereichs beginnt die Christenverfolgung, ein noch größeres Ausmaß nimmt sie allerdings im römisch-hellenistischen Reich an. 112 erlässt Kaiser Trajan ein Reskript (Schrift), das die Christenverfolgung nun auch offiziell vorschreibt. Ab jetzt gilt: Wer angezeigt und überführt wird, Christ zu sein, wird zum Tode verurteilt, eine Abkehr vom Christentum führt allerdings zu Straffreiheit.

Wie übersteigert die Verdächtigungen waren, die man den Christen unterstellte, beweist ein Auszug aus einem Text des Schriftstellers Minucius Felix aus dem 3. Jahrhundert:

„An geheimen Zeichen und Merkmalen erkennen sie einander und lieben sich schon, fast ehe sie sich noch kennen. Unterschiedslos vollziehen sie miteinander eine Art Ritual der Lust. Im Mittelpunkt ihrer Zeremonie steht ein für seine Verbrechen mit dem Tode bestrafter Mensch samt den Kreuzeshölzern. Sie verehren, was ihnen eigentlich selbst geschehen sollte. Bei der Aufnahmefeier bedeckt man, um die Neopyhten [d.h. die Neugetauften) zu täuschen, ein Kind mit Teig und legt dem vor, der in ihre Mysterien eingeweiht wird. Der Neuling lässt sich, durch die Teighülle getäuscht, zu Stichen verleiten, bei denen er nichts Arges vermutet, tötet so das Kind. Das Blut dieses Kindes lecken sie begierig auf und reißen sich noch um die zerstückelten Glieder. Durch die Mitwisserschaft an diesem Verbrechen verpflichten sie sich gegenseitig zum Stillschweigen. An Festtagen kommen sie zum Gelage zusammen, mit all ihren Kindern, Schwestern und Müttern, beiderlei Geschlechts und jeglichen Alters. Dann, nach vielen Gängen, wenn alle betrunken sind, wird das Licht gelöscht und alle stürzen sich, schamlos im Schutz der Dunkelheit, in unerhörter Gier aufeinander, wie der Zufall es bringt."

(NACH MINUCIUS FELIX: DIALOG OCTAVIUS 9,1–7)

Aufgaben:

◎ Warum kommt es zu diesen maßlos übersteigerten Vorwürfen den Christen gegenüber? Fallen euch andere Beispiele ein für solche Angriffe auf Religionen?

◎ Überlegt euch, aus welchen Gründen solche Vermutungen und Gerüchte entstehen und welche Gruppen innerhalb einer Gesellschaft darunter leiden müssen.

© Verlag an der Ruhr ▪ Postfach 10 22 51 ▪ 45422 Mülheim an der Ruhr ▪ www.verlagruhr.de ▪ ISBN 3-86072-923-3

Die neue Macht der Christen

Die Wende

Als Kaiser Konstantin I. 306 n. Chr. den Thron des römischen Reiches übernimmt, wird alles anders für die bis jetzt verachteten Christen. Konstantins persönliche Einstellung zum Christentum ist deutlich positiver als die seiner Vorgänger. Praktisch schon auf dem Sterbebett, lässt er sich 337 schließlich selbst zum Christen taufen.

Zusammen mit dem zweiten Kaiser Licinius ist Konstantin verantwortlich für das berühmte **Toleranzedikt von Mailand**, durch welches Christen wieder Einlass in das öffentliche Leben des Staates erhalten.

> *„Wir wollen deshalb sowohl den Christen als auch überhaupt allen Menschen freie Vollmacht gewähren, der Religion anzuhängen, die jeder für sich wählt, damit die Gottheit auf ihrem himmlischen Throne – was immer ihr Wesen sein mag – uns und allen unseren Untertanen friedlich und gnädig gesinnt sein kann."*
>
> (Aus: Mailänder Toleranzedikt)

Edikt von Mailand von 313:

Das Mailänder Toleranzedikt verspricht allen Menschen die freie Entscheidung über ihre Religionszugehörigkeit. Das bezieht sich nicht nur auf die Gleichstellung des Christentums mit den Göttern der Römer, sondern bedeutet Religionsfreiheit für alle Glaubensrichtungen. Zur offiziellen Staatsreligion des Römischen Reiches wird der christliche Glaube erst im Jahre 380 unter Kaiser Theodosius I.

Das Edikt ist nicht – wie oft behauptet wird – das Resultat der plötzlichen Bekehrung von Konstantin. Bereits im Jahr 311 hatte der Kaiser Galerius einen Erlass herausgegeben. Danach durften Christen ihren Glauben frei ausüben, solange sie die öffentliche Ordnung dadurch nicht störten. Außerdem verordnete das Toleranzdelikt, dass alle Häuser und Besitztümer, die man den Christen genommen hatte, ihnen nun zurückgegeben werden mussten.

Die Folgen:

Nach dem Edikt durch Konstantin durften Christen plötzlich wieder Besitztümer haben – was ihnen vorher verboten war. Kirchen durften nun Erbschaften annehmen und Versammlungen organisieren. Bischöfe bekamen Einfluss als Richter und viele Christen rückten in hohe Ämter auf.

Rasant entwickelte sich der christliche Glauben zur dominierenden Religion: Plötzlich verurteilte man die alten römischen Tempel und sprach von der schlimmen „Vielgötterei" (Polytheismus).

Aufgabe:

◎ Das Christentum wird legal. Was bedeuteten das Toleranzedikt und seine Folgen für die christlichen Gemeinden? Überlegt, wie diese sich aufgrund der neuen Situation verändern.

> *„Grundsatzloser konnte sich wohl keine geistige Gemeinschaft neu orientieren als die Christenkirche unter Konstantin. [...] 40 Jahre nach Konstantins Tod hatte die Kirche bereits ein Zehntel des gesamten Grundbesitzes im römischen Westreich an sich gebracht, ein Anteil, der sich in Westeuropa während des Mittelalters bis auf ein Drittel erhöhte. Seit 416 wurden nur noch Christen in die Armee aufgenommen. [...] Gegen Ende des 4. Jahrhunderts wurde in Trier der erste Ketzer mit dem Schwert hingerichtet. Aus Verfolgten waren Verfolger geworden."*
>
> (Aus: Rudolf Augstein: Jesus Menschensohn. dtv 2003. S. 403f.)

© Verlag an der Ruhr ▪ Postfach 10 22 51 ▪ 45422 Mülheim an der Ruhr ▪ www.verlagruhr.de ▪ ISBN 3-86072-923-3

Jesus im Staatsdienst

Die Folgen der Macht

> „Mit der geistlichen Macht kam die Gewalt: Als Damasus seinen Rivalen Ursinus bei der Wahl zum Papst 366 besiegte, wurden dem heidnischen Historiker Ammianus Marcellinus zufolge ‚im Laufe eines einzigen Tages 137 Leichen* in der christlichen Basilika des Sicinius gefunden.' Er fügte hinzu, dass die Bischöfe von Rom ‚frei von Geldsorgen waren ... sich prachtvoll kleideten, luxuriös tafelten – ihre Festessen sind besser als die kaiserlichen.'"
>
> (AUS: MICHAEL COLLINS, MATTHEW A. PRICE: DAS CHRISTENTUM. 2000 JAHRE IN BILDERN UND ZEUGNISSEN. S. 65.)

*(heidnische Opfer der Christen)

Edikt an die Bevölkerung Konstantinopels vom 28. Februar 380

> „Alle Völker, welche unsere gnädige Milde regiert, sollen, das ist unser Wille, in dem Glaubensbekenntnis verharren, welches der göttliche Apostel Petrus, wie der bis heute von ihm verkündete Glaube dartut, den Römern überliefert hat. [...] Das heißt, wir glauben nach der apostolischen Unterweisung und der Lehre des Evangeliums an des Vaters, des Sohnes und des Heiligen Geistes eine Gottheit in gleichartiger Majestät und in frommer Dreifaltigkeit. Die diesem Gesetz folgen, so gebieten wir, sollen die Bezeichnung katholische Christen beanspruchen; die anderen aber, nach unserem Urteil Unsinnige und Verrückte, sollen die schimpfliche Ehrenminderung der Häresie erleiden, und ihre Konventikel sollen nicht die Bezeichnung von Kirchen führen. Sie sollen fürs erste durch ein göttliches Gericht bestraft werden, dann aber auch durch die Ahndung unseres richterlichen Einschreitens, das wir auf des Himmels Ermessen gestützt, treffen werden."
>
> (AUS: HUBERTUS HALBFAS: DAS CHRISTENTUM. PATMOS 2004. S. 62.)

Aufgaben:

◎ Kirche und Regierung verbünden sich. Stellt eine pro/contra-Liste auf mit Vorteilen und Nachteilen eines solchen Zusammenschlusses.

◎ Welche Folgen hat dieser Zusammenschluss für die christliche Gemeinde?

Was heißt eigentlich „katholisch"?

Katholisch stammt aus dem Griechischen (katholikos = das Ganze, alle betreffend, allgemein). Die katholische Kirche war deshalb am Anfang einfach die „allgemeine Kirche". Die Bezeichnung „röm.-kath. Kirche" für einen besonderen Teil der Kirche kam erst viel später auf.

Christliche Staatsreligion

380 erklärt der römische Kaiser Theodosius das Christentum zur **Staatskirche** – und das mit unübersehbaren Folgen. Er verbietet 391 alle heidnischen Rituale und Kulte. Wer dagegen verstößt, muss mit der Todesstrafe rechnen. In diesem Zusammenhang werden sogar die **Olympische Spiele** als ursprünglich heidnisches Ritual verboten. Die Spiele waren im antiken Griechenland zu Ehren des Göttervaters Zeus abgehalten worden und verstoßen damit – so glaubt zumindest Kaiser Theodosius – gegen das neue Gesetz. Erst 1896 finden die Olympischen Spiele als erste Spiele der Neuzeit in Athen wieder statt.

> „Heiden wurden aus dem Staatsdienst entfernt, die Philosophin Hypatia in Alexandria vom christlichen Pöbel gesteinigt, Abweichler gestraft. Das Christentum war in der Welt angekommen. Nun begann eine jahrhundertelange Liaison mit der Staatsmacht; eine Hassliebe, die ihm Stärkung war und Verhängnis zugleich. Immer wieder hat die Kirche Herrscher ein- und wieder abgesetzt, hat die Politik benutzt und sich von ihr benutzen lassen, hat Dissidenten gejagt und Eroberungen begleitet."
>
> (AUS: JÖRG-UWE ALBIG: GLAUBE, LIEBE, HOFFNUNG. GEO NR. 1/2000)

© Verlag an der Ruhr ▪ Postfach 10 22 51 ▪ 45422 Mülheim an der Ruhr ▪ www.verlagruhr.de ▪ ISBN 3-86072-923-3

Das staatliche Christentum

Durch Theodosius' Erlass war das Christentum fast von seinem offiziellen Beginn an untrennbar mit der staatlichen Gewalt verknüpft. Als Stellvertreter der neuen Staatskirche wurden die Christen immer mächtiger und einflussreicher. Aber was bedeutete diese Macht für den Glauben der Christen? Die verfolgte kleine Gruppe von Gläubigen, die so überzeugt waren von Jesus Christus, dass sie bereit waren, für ihn zu sterben, gab es nicht mehr. Nun war praktisch jeder ein Christ, um nicht aufzufallen oder verhaftet zu werden. Und wer reich und mächtig werden wollte, musste selbstverständlich christlich getauft sein.

In nur drei Jahrhunderten ist damit aus einer winzigen, verfolgten und belächelten Jerusalemer Gemeinde, den ersten Anhängern Jesu, die Staatskirche des römischen Weltreiches geworden. Die wandernden, armen und nur durch ihren Glauben starken Jünger werden ersetzt durch reiche Großgrundbesitzer, die nun auch Funktionsträger und Bevollmächtigte der Kirche sind.

> „Damit aber trat ein Wandel ein, von dem die christliche Religion sich nie mehr erholte. Die frohe Botschaft der Ohnmächtigen verbündete und verfilzte sich mit der Macht des Staates. Fortan wollten ihre Verwalter Teilhabe, Einfluss, Geltung, Reichtum, Hoheit, Herrschaft."
>
> (STERN, 52/2004)

Zur Diskussion:

◎ Vergleicht die Urchristen, die Zeitgenossen Jesu, mit ihren Nachfolgern im vierten Jahrhundert.

◎ Sind die Gründe, sich für den von Jesus gepredigten Glauben zu entscheiden, jetzt andere? Wird der Glaube selbst durch die neue Situation verändert?

◎ Was haltet ihr von der Verbindung von Staat und Kirche? Wo seht ihr mögliche Probleme?

Die Macht der Kirche

Die christliche Kirche gewöhnte sich schnell an die neue Macht und an ihren Einfluss als Staatskirche. Lange Zeit konnte sie sich dabei auf die so genannte „Konstantinische Schenkung" berufen. Angeblich hatte Kaiser Konstantin dem Papst Silvester I. und all seinen Nachfolgern die geistliche – aber auch politisch einflussreiche – Oberherrschaft über Rom, Italien und das gesamte weströmische Reich garantiert.

Immer wieder stützten die Päpste ihre Machtansprüche auf diese Vereinbarung und sicherten sich damit ihren politischen Einfluss und vor allem ihren finanziellen Reichtum. Erst im 15. Jahrhundert stellte man fest, dass es sich bei dieser Schenkung um eine Fälschung handelte. Das Papier, auf der sie festgehalten wurde, stammte erst aus einer späteren Zeit. Heute geht man davon aus, dass der Text unter Papst Stephan II. (ca. 750 n. Chr.) verfasst worden ist, um die Macht des Papstes und der Kirche weiter auszubauen. Lange wollte die Kirche diese Fälschung allerdings nicht zugeben. Erst im 19. Jahrhundert galt sie als offiziell bewiesen.

HUBERT GOLTZIUS: KAISER KONSTANTIN (1557), CLAIR-OBSCURE-HOLZSCHNITT

© Verlag an der Ruhr ▪ Postfach 10 22 51 ▪ 45422 Mülheim an der Ruhr ▪ www.verlagruhr.de ▪ ISBN 3-86072-923-3

Jesus und Kirche – Kirche Jesu?

▌Sobald die Christen den kaiserlichen Segen für ihren Glauben erhalten hatten, erhöhte sich die Geschwindigkeit, mit der das Christentum sich ausbreitete. Aus der ehemals verfolgten und nur in heimlichen Treffen zusammenkommenden Schar von Gläubigen war eine anerkannte Glaubensgruppe geworden. Die christliche Kirche, wie wir sie heute kennen, als eine große Institution mit einer eigenen Ordnung und Hierarchie, war jedoch sicher nicht die Kirche, die Jesus im Matthäus-Evangelium seinem Jünger, dem heute so genannten ersten Papst Simon Petrus, beschreibt:

„Ich aber sage dir [Simon Petrus]: Du bist Petrus und auf diesen Felsen werde ich meine Kirche bauen und die Mächte der Unterwelt werden sie nicht überwältigen."
(MT 16,18)

Woher kommt das Wort „Kirche"?

Kirche kommt von dem spätgriechischen Wort „kyrikon", das vom frühgriechischen „ecclesia" (Versammlung des Volkes, Zusammenkunft) abstammt. Damit meinte Kirche ursprünglich keine institutionalisierte und streng durchgeplante Form von Glauben, sondern bezeichnete vielmehr die Zusammenkünfte der ersten jungen Christengemeinden.

Die Kirche nimmt Gestalt an:

Wenn eine bestimmte Gruppe größer wird und sich an den unterschiedlichsten Orten zeitgleich entwickelt, werden immer auch Ämter und Strukturen benötigt. Auch die christliche Gemeinde richtet diese Ämter sehr schnell ein und bekommt dadurch ein einheitliches Aussehen, da die Amtsinhaber zum Teil auch über regionale Grenzen hinaus Einfluss besitzen.
Innerhalb des hierarchischen Aufbaus der Kirche nimmt von Beginn an der Bischof von Rom, auch Papst genannt, eine besondere Stellung ein. Weil Rom durch die erstarkende christliche Bewegung Mittelpunkt des jungen Christentums wurde, repräsentiert er den weltlichen Stellvertreter Gottes auf Erden. Die katholische Kirche konstruiert heutzutage eine Liste der Päpste bzw. der römischen Gemeindevorsteher zurück bis zu Petrus und nimmt sie als Beleg dafür, wie schnell die Gemeinde der Christen organisierte Formen angenommen hat. *www.heiligenlexikon.de/Glossar/Paepste_zeitlich.htm*

Aber:

PIERRE-AUGUSTE RENOIR: KIRCHE IN CAGNES (UM 1880/90)

Aufgabe:

◎ Lest noch einmal das Bibelzitat. Wie könnte Jesus den Begriff „Kirche" gemeint haben? Berücksichtigt dabei die ursprüngliche Wortbedeutung.

© Verlag an der Ruhr ▪ Postfach 10 22 51 ▪ 45422 Mülheim an der Ruhr ▪ www.verlagruhr.de ▪ ISBN 3-86072-923-3

Was hat Jesus gewollt?

> *„Wer hat denn der Kirche die behauptete Verheißung geschenkt, welche Botschaft ist die des Jesus Christus, und wieso bleibt Jesus im Geiste bei einer Kirche, von der er zu Lebzeiten nie etwas geahnt hat?"*
>
> (Aus: Rudolf Augstein: Jesus Menschensohn. dtv 2003. S. 140.)

Immer wieder wird heutzutage gefragt: War die christliche Kirche, so wie sie heute existiert, tatsächlich von Jesus geplant? Sind all die Gesetze, Dogmen, Normen, Regeln und Rituale, welche die Kirche prägen, tatsächlich so von Jesus gewollt? Ist die heutige Kirche tatsächlich noch eine Kirche Jesu? Diese Frage richtet sich besonders häufig an die katholische Kirche, weil sie oft als strenger und konservativer empfunden wird als die evangelische Kirche.

Kirche – reine Männerwelt?

Die Kritik an der katholischen Kirche und ihrem Ausschluss aller Frauen vom Priesteramt wird immer lauter. Die so genannte Frauenordination (weibliche Priester) bleibt ein Tabu. Am 22. Mai 1994 erscheint das apostolische Schreiben „Ordinatio Sacerdotalis" vom damaligen Papst Johannes Paul II., das die Priesterweihe ausschließlich den Männern vorbehält. Das Schreiben schließt mit den Worten:

„Damit also jeder Zweifel bezüglich der bedeutenden Angelegenheit, die die göttliche Verfassung der Kirche selbst betrifft, beseitigt wird, erkläre ich kraft meines Amtes, die Brüder zu stärken (vgl. Lk 22,32), daß die Kirche keinerlei Vollmacht hat, Frauen die Priesterweihe zu spenden, und daß sich alle Gläubigen der Kirche endgültig an diese Entscheidung zu halten haben."

Als Gründe für diesen Entschluss zählt Johannes Paul II. auf:

▸ Das Vorbild Jesus Christus, der ausschließlich Männer zu Aposteln wählte. Diese Wahl ist jedoch nicht einfach durch die sozialen und kulturellen Merkmale seiner Zeit bestimmt, sondern – so die Meinung der Kirche – ist von Anfang an sehr bewusst nur auf Männer gefallen.

▸ Die Praxis der Kirche, die stets nur Männer zu Priestern gewählt hatte.

▸ Das katholische Lehramt, das konsequent den Ausschluss von Frauen vom Priesteramt lehrt.

> *„Warum die Frauen trotzdem von der Priesterweihe ausgeschlossen bleiben, wird nicht begründet. Das gehört zu den Selbstwidersprüchen des modernen Katholizismus, den Ratzinger mit seiner kryptodialektischen Argumentation noch verschärft. Weil er das dogmatische Weltbild der katholischen Kirche verteidigen und zugleich den Eindruck liberaler Großherzigkeit erwecken will, ist er zur Scheinheiligkeit verurteilt."*
>
> (Aus: Evelyn Finger: Männer unter sich. In: Die Zeit, Nr. 33 vom 5.8.2004.)

Priestertum

Am Anfang war das Christentum eine Laienbewegung, in der sich erst nach und nach strenge Hierarchien ausbildeten. Das Bischofsamt bildet sich erst gegen Ende des 1. Jahrhunderts aus, wobei der eigentliche Priesterbegriff anfangs nur für Jesus Christus verwendet wird *(vgl. z.B. den Hebräerbrief)*. Nach und nach versteht man auch Bischöfe und Presbyter als Priester, allerdings nur als Stellvertreter des „einzigen und ewigen Hohepriesters" Jesus Christus *(vgl. Hebr. 4–9)*. Seit dem Mittelalter kommt dem Priestertum als einem eigenen geistlichen Stand (Klerus) eine bedeutende Rolle innerhalb der Gesellschaft zu. Die Priesterweihe ist in der katholischen Kirche von Beginn an Männern vorbehalten.

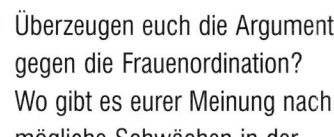

Aufgabe:

◉ Überzeugen euch die Argumente gegen die Frauenordination? Wo gibt es eurer Meinung nach mögliche Schwächen in der Argumentation?

© Verlag an der Ruhr ▪ Postfach 10 22 51 ▪ 45422 Mülheim an der Ruhr ▪ www.verlagruhr.de ▪ ISBN 3-86072-923-3

Die ersten Aussteiger

Kritik am neuen Glauben

Der plötzliche Wandel des Christentums gefiel nicht allen Gläubigen. Einige vermissten im neuen Reichtum und Einfluss das Leben, das Jesus selbst gelebt hatte. Sie glaubten, Armut, Bescheidenheit und der Verzicht auf Geld und Macht würde sie Jesus wieder näher bringen. Aus Verachtung für die neuen Christen, die nun – sozusagen als Vertreter des ganzen römischen Staates – ein sehr üppiges Leben lebten, entstanden die ersten christlichen Aussteiger.

Wüstenmönche

Die Anfänge des christlichen Mönchtums liegen nicht in Europa, sondern im Orient. Um Jesus Christus und seinen Worten zu folgen, verließen viele Christen im vierten und fünften Jahrhundert die arabischen Städte und gingen – Johannes dem Täufer und Jesus folgend – in die Wüste. Dort wurden sie bekannt als Wüstenmönche oder Wüstenväter. Das Leben in der Wüste war hart. Es bestand aus Gebeten, Meditation, Fasten, aber auch aus einfacher Handarbeit. Die Wüstenbewohner knüpften z.B. Seile oder stellten Körbe her, um sich ihren kargen Lebensunterhalt zu verdienen. Einige lebten alleine als Eremiten, andere bildeten kleine Einsiedlergruppen und errichteten Häuser für das Zusammenleben: Die ersten Klöster wurden gegründet.

Der Vater der Mönche: Antonius

Antonius wird um 251 in Koma (heutiges Fayum/Mittelägypten) geboren. Um ca. 275 entschließt Antonius sich, seinen gesamten Besitz zu verschenken und in die Einsamkeit zu ziehen. Zunächst lebt er in einer Hütte, dann am Rande der Wüste und schließlich mitten in der Wüste in der Nähe des Roten Meeres. Die Legende erzählt, dass Antonius hier in der Wüste mehrmals vom Teufel aufgesucht wird, der ihn von seinem frommen Leben abbringen und in Versuchung führen will. Antonius aber übersteht alle Versuchungen und Qualen und geht als Vater der Mönche in die Geschichte des Christentums ein. Anfang des 4. Jahrhunderts versammelt er immer mehr Schüler um sich und gründet die ersten christlichen Einsiedlergemeinden. Das erste christliche Kloster, in dem die Mönche in einer großen Unterkunft gemeinsam leben und arbeiten, gründet einige Jahre später der Ägypter Pachomios (ca. 260–350).

Aufgabe:

◎ Überlegt euch Gründe der Aussteiger für ihren Entschluss, ihren Glauben in der Einsamkeit der Wüste zu leben. Auf welche Worte und Taten Jesu aus der Bibel könnten sich die Aussteiger berufen? Welche dieser Worte könnten sie als Kritik an der offiziellen Kirche zitieren?

MATHIS GOTHART GRÜNEWALD: ISENHEIMER ALTAR, LINKER FLÜGEL, HL. ANTONIUS (1512/16)

© Verlag an der Ruhr ■ Postfach 10 22 51 ■ 45422 Mülheim an der Ruhr ■ www.verlagruhr.de ■ ISBN 3-86072-923-3

Jesus am Ende des Römischen Reiches

Rom fällt …

Bis zum vierten Jahrhundert war die Ausbreitung der neuen christlichen Lehre eng an das Römische Reich gebunden. Seit das Christentum zur Staatsreligion geworden war, lässt sich die Macht der Kirche vom Staat kaum noch trennen. Der Einfluss des Papstes war dabei oft abhängig von der Macht des römischen Kaisers. Als Kaiser Theodosius I. 395 stirbt, beginnt der feindliche Sturm auf die Grenzen des Römischen Reiches. 410 wird Rom von den Goten geplündert und eingenommen. Viele „Heiden" suchen nun die Schuld bei den Christen. Sie glauben, dass die wahren Götter zornig wegen der neuen Religion seien und aufgehört hätten, die Stadt zu beschützen. 455 greift der Vandalenführer Geiserich Rom an und zieht mit seinen Truppen mordend und plündernd durch die Stadt. Nach der Plünderung Roms ziehen die Vandalen unter Geiserich und die Hunnen unter Attila durch das Römische Reich.

> „Der Untergang der Ewigen Stadt macht auf die damalige Welt einen ungeheuren Eindruck. Das Imperium ist in seinen Grundfesten erschüttert. Nicht wenige erwarten das Ende der Welt. Ein Weltreich wird zum Spielball relativ kleiner, germanischer Stammeseinheiten. In der Geschichte wird diese Epoche die Zeit der ‚Völkerwanderung' genannt. Sie hat das Gesicht Europas von Grund auf verändert."
>
> (AUS: LEO STROHM: 2000 JAHRE CHRISTENTUM. EINE RELIGION VERÄNDERT DIE WELT. PATTLOCH 2004. S. 50F.)

DER PETERSDOM IN ROM, SITZ DES PAPSTES UND SYMBOL DES KIRCHENSTAATS

… nicht aber die Kirche

> „Es ist eine Zeit des Verfalls. Nur der Papst und seine Bischöfe verfügen noch über eine funktionsfähige Verwaltung. So bekommen die Würdenträger mehr und mehr auch politische Verantwortung. Die Päpste werden de facto zu Gouverneuren des weströmischen Imperiums. Bei ihnen liegt sogar der Oberbefehl über die Armee."
>
> (AUS: LEO STROHM: 2000 JAHRE CHRISTENTUM. EINE RELIGION VERÄNDERT DIE WELT. PATTLOCH 2004. S. 52.)

▌476 n. Chr. stürzte der gotische Stammesführer Odoaker den letzten Kaiser des Westens, Romulus Augustus, vom Thron. Damit war das Römische Reich des Westens offiziell beendet. Die christliche Kirche aber breitete sich weiter aus. Das lag einerseits daran, dass die Goten und Vandalen sich noch den großen Zeiten des römischen Imperiums zum Christentum bekannt hatten – wenn auch nicht immer freiwillig. Zum anderen waren die neuen Könige nun froh, in den Kirchenvertretern Verbündete zu finden, mit deren Hilfe sie das zornige römische Volk befrieden konnten. Also bekam die Kirche erneut Geld und Land zugesprochen: Abteien und Bistümer erlebten einen wirtschaftlichen Aufschwung und die kirchlichen Würdenträger wurden auch unter den neuen Herren einflussreiche Persönlichkeiten. Sie arbeiteten eng mit den weltlichen Oberhäuptern zusammen und besaßen zu Beginn der zweiten Hälfte dieses ersten Jahrtausends einen großen Einfluss im gesellschaftlichen und politischen Leben des neuen Europas und vorderen Asiens.

© Verlag an der Ruhr ▪ Postfach 10 22 51 ▪ 45422 Mülheim an der Ruhr ▪ www.verlagruhr.de ▪ ISBN 3-86072-923-3

Europa wird christlich

Der Frankenkönig Chlodwig

482 n. Chr. besteigt Herzog Chlodwig den Thron der Franken, die zu dieser Zeit die untere Rheinebene beherrschen. Chlodwig ist ehrgeizig, machtbesessen und schreckt vor keiner Grausamkeit zurück. Durch seine Siege über Syagrius (486), den letzten römischen Anführer in Gallien, und über die Alemannen in der Schlacht von Zülpich wächst Franken zu einem mächtigen Königreich in Gallien heran. Die Franken besitzen noch alte germanische Götter, an die sie glauben. Da die fränkische Macht neben den z.T. kleineren Stämmen christlichen Glaubens immer weiter anwächst, sieht alles nach einem baldigen Entscheidungskampf zwischen Christen- und Heidentum, römischer und germanischer Religion aus.

Doch dann beschließt Chlodwig, dem Christentum beizutreten. 496 lässt er sich vom Bischof Remigius von Reims christlich taufen. Die genauen Gründe für die Bekehrung sind bis heute unklar. Sie können religiöser, politischer, militärischer oder auch persönlicher Natur gewesen sein – unbestritten sind ihre Folgen für die Christianisierung Europas. Das gesamte fränkische Reich, aus dem später Frankreich und Deutschland hervorgingen, wurde im Anschluss an die Taufe Chlodwigs zum christlichen Glauben bekehrt.

> *„Das römische Christentum wurde bald wieder das, was es auch vor der fränkischen Invasion gewesen war: eine Staatsreligion. Der König war der Gesalbte Gottes und damit der Lenker dieser Staatsreligion. Nach der Taufe war er ebenso brutal wie vorher. Er verdrängte alle Konkurrenten, und seine Siege galten ihm als Beweis, den richtigen Gott gewählt zu haben."*
>
> (AUS: HUBERTUS HALBFAS: DAS CHRISTENTUM. PATMOS 2004. S. 228.)

DAS RÖMISCHE REICH NACH DER CHRISTIANISIERUNG

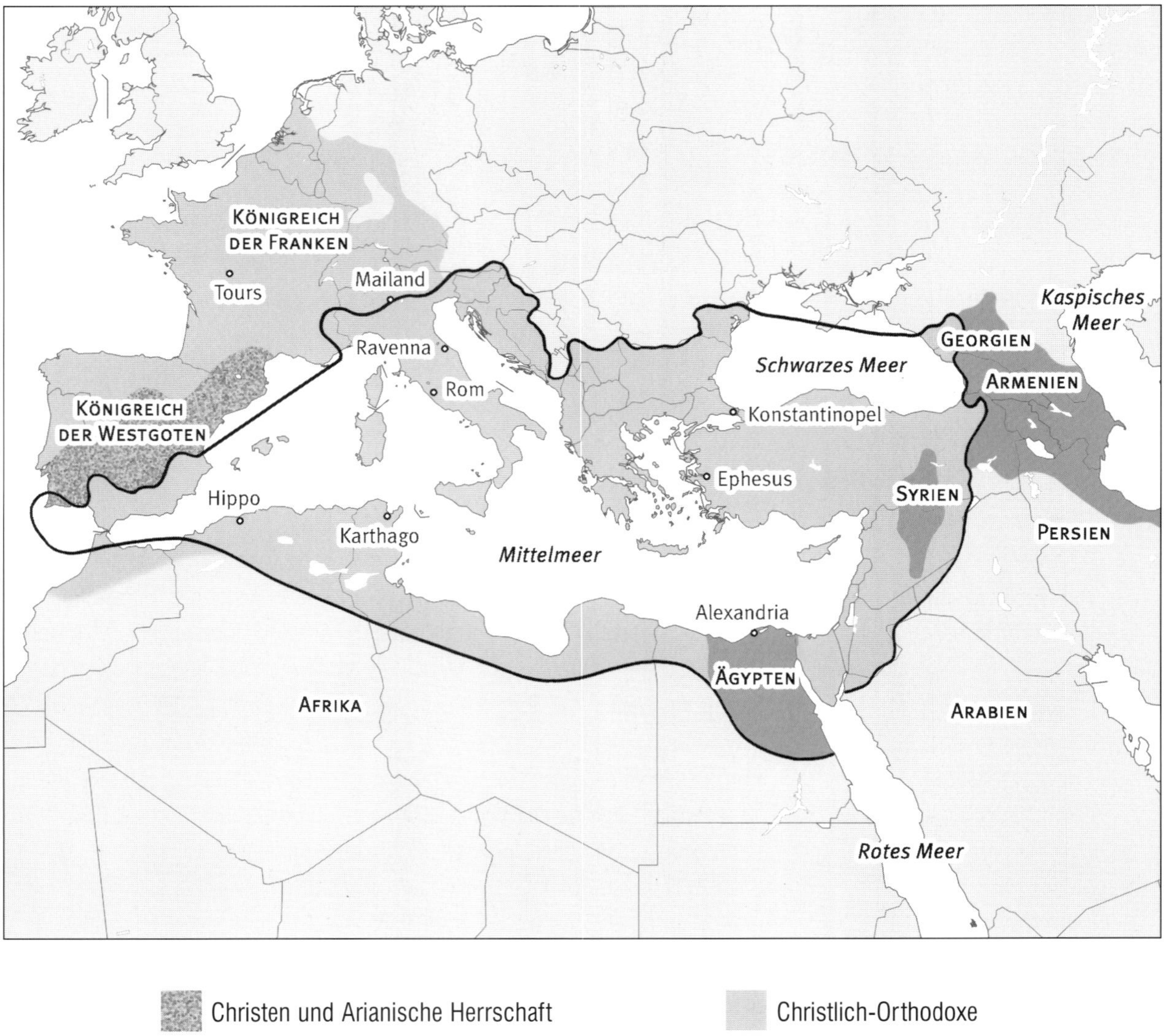

KÖNIGREICH DER FRANKEN
Tours
Mailand
Ravenna
Rom
KÖNIGREICH DER WESTGOTEN
Hippo
Karthago
Mittelmeer
Kaspisches Meer
GEORGIEN
Schwarzes Meer
ARMENIEN
Konstantinopel
Ephesus
SYRIEN
PERSIEN
Alexandria
ÄGYPTEN
AFRIKA
ARABIEN
Rotes Meer

Christen und Arianische Herrschaft

Christlich-Orthodoxe

—— Grenzen des Römischen Reiches

Monophysiten

© Verlag an der Ruhr ▪ Postfach 10 22 51 ▪ 45422 Mülheim an der Ruhr ▪ www.verlagruhr.de ▪ ISBN 3-86072-923-3

Von Jesus zur Weltreligion – Zeitleiste

(vuZ = vor unserer Zeitrechnung; uZ = unserer Zeitrechnung)

37 vuZ – 4 uZ: Herodes I. ist König von Galiläa und Judäa.

30 vuZ – 14 uZ: Kaiser Augustus ist Herrscher über das Römische Reich, das auch Palästina umfasst.

ca. 7 vuZ: Jesus von Nazareth wird geboren. Das genaue Geburtsdatum ist nicht bekannt.

14 – 37: Tiberius, der Stiefsohn Augustus', ist zweiter römischer Kaiser.

ca. 30: Jesus von Nazareth stirbt am Kreuz. In Jerusalem bildet sich unter Leitung von Petrus und Jakobus die Jerusalemer Urgemeinde, die noch stark von dem Glauben an die baldige Rückkehr des Messias und damit die Ankunft des Reiches Gottes bestimmt ist.

ca. 32: Paulus von Damaskus wird zum Christentum bekehrt.

ca. 48 – 57: Paulus beginnt seine Missionsreisen durch Kleinasien, entlang der Ägäis-Küste, auf die Inseln Zypern, Rhodos, Kreta, Malta, nach Süditalien und Rom. Er setzt sich im Gegensatz zu der Urgemeinde in Jerusalem für die Taufe von Heiden ein.

ca. 48: In Jerusalem findet das Apostelkonzil statt, auf dem das Heidenchristentum offiziell anerkannt wird.

50 – 64: Die Paulus-Briefe entstehen.

54 – 68: Kaiser Nero herrscht über das Römische Reich.

ca. 58: Paulus wird in Jerusalem gefangen genommen. Petrus ist das Oberhaupt der christlichen Gemeinde.

ca. 61: Petrus und Paulus halten sich in Rom auf.

64: Rom steht in Flammen und Nero verfolgt die Christen Roms. Petrus und Paulus sterben als Märtyrer.

64 – 79: Papst Linus wird Nachfolger Petrus' als Oberhaupt der Christen.

70: Jerusalem wird zerstört, wodurch das reine Judenchristentum beendet ist.

70 – 100: Die vier Evangelien des Neuen Testaments entstehen und sind in griechischer Sprache verfasst.

81 – 86: In Rom lässt Kaiser Domition die Christen verfolgen.

132: Aufstand der Juden gegen die römischen Besatzer. Kaiser Hadrian verbietet ihnen den Zugang zu Jerusalem und stellt die Beschneidung unter Todes-strafe. Unter Bar Kochba erobern die Juden Jerusalem.

134: Die Römer erobern Jerusalem zurück und verbieten das Judentum in der Stadt. Das Christentum setzt sich hier nun als reines Heidenchristentum durch.

© Verlag an der Ruhr ■ Postfach 10 22 51 ■ 45422 Mülheim an der Ruhr ■ www.verlagruhr.de ■ ISBN 3-86072-923-3

177:	Diokletian lässt in Gallien die Christen verfolgen.
ca. 180:	Beginn der lateinischen Bibelübersetzung.
ca. 200:	Odessa, Ägypten, Alexandrien und Nordafrika werden christianisiert.
ca. 250:	Decius ordnet im römischen Reich die allgemeine Christenverfolgung an. Der Märtyrerkult beginnt.
257–60:	Kaiser Valerian setzt die Christenverfolgung fort.
ca. 285:	Antonius begründet in Ägypten das Mönchtum.
ca. 300:	Armenien wird christianisiert.
303–304:	Kaiser Diokletian ruft zur größten Christenverfolgung seiner Zeit auf.
313:	Unter Kaiser Konstantin ereignet sich die Wende für die Christen. Er erlässt das Toleranzedikt, das die freie Wahl der Religion und die ungehinderte Ausübung des christlichen Glaubens bedeutet.
314:	Konstantin lässt die Lateranskirche als Gemeindekirche der Christen erbauen. Weitere christliche Kirchen folgen.
325:	Unter Konstantin wird der Bau der alten Peterskirche in Rom begonnen.
337:	Auf dem Sterbebett lässt Konstantin sich christlich taufen.
ca. 350:	Einführung des christlichen Weihnachtsfestes, das auf den Geburtstag des Mithras gelegt wird.
ca. 370:	Unter Papst Damasus ersetzt das Lateinische als Kirchensprache das Griechische.
381:	Auf dem Konzil von Konstantinopel wird unter Kaiser Theodosius I. das Christentum zur Staatsreligion ernannt und alle heidnischen Kulte werden verboten.
393:	Die letzten Olympischen Spiele der Antike finden statt und werden dann als heidnisches Ritual verboten.
451:	Konzil von Chalcedon: Verkündigung der Zwei-Naturen-Lehre. Jesus ist Gott und Mensch.
ab 484:	Die Franken werden christianisiert.
ab 633:	Die von der Lehre Mohammeds geprägten Araber erobern Syrien, Palästina, Mesopotamien und Persien. Das Christentum weicht im Orient dem Islam.
800:	Karl der Große wird vom Papst zum Kaiser gekrönt.
988:	Russland wird christianisiert.
1070:	Beginn der Kreuzzüge vom westlichen Europa aus zur Eroberung Palästinas.

© Verlag an der Ruhr ■ Postfach 10 22 51 ■ 45422 Mülheim an der Ruhr ■ www.verlagruhr.de ■ ISBN 3-86072-923-3

Kapitel 3

PIETRO CAVALLINI: CHRISTUS AUS DEM WELTGERICHT (UM 1310)

Worte und Wirkung

- Wirkungsgeschichte durchs Mittelalter bis heute
- Deutung der Botschaft Jesu
- Praktische Auslegung seiner Botschaft
- Inquisition und Hexenverfolgung
- Christlicher Fundamentalismus

Jesus, der Verkündete

MICHELANGELO CARAVAGGIO:
CHRISTUS IN EMMAUS (UM 1600)

> „Denn schauen wir uns um, was aus der Botschaft Jesu in den
> Händen und im Munde der Kirche geworden ist. [...] Der Kontrast,
> die Diskrepanz zwischen dem, was Jesus war und wollte, und
> dem, was wir heute sind und im Namen der Kirche zu sein haben,
> könnte nicht schreiender sein."
>
> (AUS: EUGEN DREWERMANN: WORUM ES EIGENTLICH GEHT. S. 14.)

Was sind die Worte Jesu?

> „Der Prediger aus Galiläa wollte die Menschen zu einem anderen
> Handeln veranlassen, und dazu musste sich ihr Denken verän-
> dern. Die Richtung dieses neuen Denkens – und Handelns – hat er
> immer wieder formuliert, am klarsten in seiner berühmten Berg-
> predigt. Die gesamte Lehre dieses Jesus besagt, kurz gefasst,
> dass es kein wichtigeres Gebot gibt als das der Liebe. Der Liebe
> zu Gott und zu den Menschen."
>
> (AUS: PETER SANDMEYER: DIE LEHRE DER LIEBE. DAS CHRISTENTUM. STERN 52/2004. S. 86.)

JUAN DE JUANES: CHRISTUS MIT DER EUCHARISTIE
(3. VIERTEL 16 JH.)

❚ Kann man heute eigentlich noch zwischen der Botschaft Jesu und ihrer
Wirkung unterscheiden? Berücksichtigt man, dass schon die Evangelien Jesu
Wirken nicht neutral schildern, sondern subjektiv darstellen, dann fällt es
schwer, sich die tatsächliche Botschaft Jesu vorzustellen. Seine Worte sind
von Anfang an gefiltert worden, von Geschichtsschreibern, Aposteln, Jüngern, den Verfassern des Evangeliums usw. Jeder besaß dabei andere Inten-
tionen, die er mit seinem ganz bestimmten Jesus-Bild verfolgte.

> „Dieses Schweigen der Zeitgenossen nährt bis heute den Ver-
> dacht: Jesus von Nazareth hat in Wahrheit nie gelebt, er ist nur ein
> Mythos, ein Gespinst aus frommen Wunschvorstellungen. Aber
> selbst wenn dies stimmt – ist es denn so wichtig? Ändert es etwas
> an der Geschichte? Wenn wir der Definition .Wirklichkeit ist, was
> wirkt' folgen, spielt es keine Rolle, ob Jesus gelebt hat oder nicht.
> Entscheidend ist seine Wirkung. Und die war weltbewegend."
>
> (AUS: P. J. BLUMENTHAL: DER DRAMATISCHE WEG ZUR WELTRELIGION. P.M. 2/2005. S. 70.)

> „Nun ist sich die theologische
> Welt mittlerweile ziemlich ei-
> nig, daß Jesus Aussprüche,
> wie sie im Johannes-Evangeli-
> um überliefert sind, nicht ge-
> tan hat. Für die anderen drei
> Evangelien gilt schon, daß
> die in ihnen dargebotene
> Botschaft Jesu ,größtenteils
> nicht authentisch, sondern
> Ausprägung des urchristli-
> chen Gemeindeglaubens in
> seinen verschiedenen Stadi-
> en ist'. Ernst Käsemann
> (1906 bis 1998) schreibt die-
> sen berühmt gewordenen
> Satz 1960, ihm ist seither –
> wie wir noch sehen werden –
> häufiger widersprochen als
> zugestimmt worden. Aber
> treffender läßt er sich kaum
> sagen."
>
> (R. AUGSTEIN: JESUS MENSCHENSOHN. S. 58.)

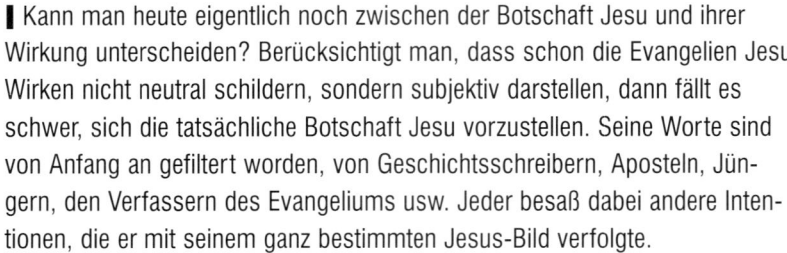

Aufgabe:

◎ Woher z.B. wissen wir, dass die Bergpredigt die Worte Jesu und nicht die
der Evangelisten sind? Würde dieses Wissen die Botschaft der Bergpredigt entwerten?

© Verlag an der Ruhr ▪ Postfach 10 22 51 ▪ 45422 Mülheim an der Ruhr ▪ www.verlagruhr.de ▪ ISBN 3-86072-923-3

Von Rache und Vergebung

„Ich aber sage euch: Liebt eure Feinde und betet für die, die euch verfolgen, damit ihr Söhne eures Vaters im Himmel werdet; denn er lässt seine Sonne aufgehen über Bösen und Guten, und er lässt regnen über Gerechte und Ungerechte. Wenn ihr nämlich nur die liebt, die euch lieben, welchen Lohn könnt ihr dafür erwarten?"

(MT 5,44–46)

„Ich aber sage euch: Leistet dem, der euch etwas Böses antut, keinen Widerstand, sondern wenn dich einer auf die rechte Wange schlägt, dann halt ihm auch die andere hin. Und wenn dich einer vor Gericht bringen will, um dir das Hemd wegzunehmen, dann lass ihm auch den Mantel. Und wenn dich einer zwingen will, eine Meile mit ihm zu gehen, dann geh zwei mit ihm."

(MT 5,39–41)

„Wenn dein Bruder sündigt, weise ihn zurecht; und wenn er sich ändert, vergib ihm. Und wenn er sich siebenmal am Tag gegen dich versündigt und siebenmal wieder zu dir kommt und sagt: Ich will mich ändern!, so sollst du ihm vergeben."

(LK 17,3B–4)

... und Praxis

■ ■ ■ ■ ■ VERGELTUNGSSCHLAG ■ ■ ■ ■ ■

Ernüchternde Bilanz nach drei Wochen Krieg

Seit drei Wochen fliegen die Amerikaner ihre Angriffe gegen Afghanistan. Aber bislang ist trotz der permanenten Bombardierungen eine deutliche Schwächung der herrschenden Taliban nicht zu erkennen.

www.spiegel.de/politik/ausland/0,1518,164926,00.html (VOM 28. OKTOBER 2001)

Aufgabe:

◎ Die christliche Theorie von Rache und Vergebung hält der Praxis nicht stand. Denkt an aktuelle Krisenherde und Konfliktsituationen. Wie realistisch wirken die Worte Jesu angesichts solcher Situationen?

„Bush will RACHE für die Twin Towers"

Arabische Pressestimmen zum Krieg am Golf

Bagdad steht vor dem Fall. Die Kommentare der arabischen Presse spiegeln am Dienstag vor allem das Entsetzen über zivile Kriegsopfer wieder. Hinzu kommt die Diagnose einer verschärften Krise der arabisch-islamischen Welt.

(AUS: JUDITH GÖTZ: „BUSH WILL RACHE FÜR DIE TWIN TOWERS"; www.zdf.de VOM 08.04.2003.)

Rantissi-Liquidation

„Hundert VERGELTUNGSSCHLÄGE"

Nach dem Tod ihres Führers Abdel Asis Rantissi will die Hamas die Identität seines Nachfolgers geheim halten. Das Vorgehen Israels wird weltweit kritisiert. Die Hamas droht mit RACHE.

www.spiegel.de/politik/ausland/0,1518,295884,00.html (VOM 18. APRIL 2004)

© Verlag an der Ruhr ■ Postfach 10 22 51 ■ 45422 Mülheim an der Ruhr ■ www.verlagruhr.de ■ ISBN 3-86072-923-3

Im Namen Jesu – Ketzerei und Häresie

Die ersten Ketzer

Seit das Christentum im vierten Jahrhundert zur Staatskirche geworden war, waren Angriffe auf den christlichen Glauben oft gleichbedeutend mit Angriffen auf den Staat selbst. Man muss berücksichtigen, dass das Christentum keine einheitliche Erscheinung war, sondern aus verschiedenen Strömungen bestand, die das Wort Gottes und die Botschaft Jesu unterschiedlich interpretierten. Abhängig von Macht und Einfluss dieser Gruppierungen waren einige Denkrichtungen erlaubt, andere aber galten als Ketzereien. Schon im Urchristentum hatte man genaue Vorstellungen, wie der „richtige Glauben" auszusehen hatte und wie er nicht aussehen sollte. Quellen belegen, dass bereits im Jahre 385 die ersten Christen andere Christen im Namen ihres Glaubens töteten. Die offizielle Kirche billigte diese Tötungen zunächst nicht, sondern bekämpfte im gesamten 1. Jahrtausend angebliche Ketzer eher durch Verbannung und Exkommunikation.

Häresie

Häresie bedeutet im frühchristlichen Griechisch „Wahl des Glaubens" oder auch „Partei" (der von der Orthodoxie abweichenden Gläubigen). Man verwendet das Wort gleichbedeutend mit den Begriffen „Irrlehre" und „Ketzerei". Häresie meint einen christlichen Irrglauben, der sich gegen die Vorstellungen und Gebote der jeweils herrschenden Meinung richtet. Damit sind allerdings nicht die Angehörigen einer anderen Religion gemeint: Diese heißen schlicht „Ungläubige". Besondere Bedeutung erhält die Häresie im Mittelalter als zentraler Begriff der Inquisition. Viele Christen – der Häresie oder Ketzerei angeklagt – geraten durch die strengen, inquisitorischen Prozesse in Gefangenschaft oder sterben.

Vor allem die Katharer (auch Albigenser genannt) und Waldenser, zwei christliche Gruppierungen im Mittelalter, erregten das Misstrauen und den Zorn der offiziellen Kirche und wurden als ketzerische Strömungen verfolgt.

1415, KONSTANZER KONZIL, JAN HUS' GANG ZUM SCHEITERHAUFEN.
HISTORISIERENDE ZEICHNUNG, DEUTSCHES REICH, ANFANG 20. JH.

Katharer

Die Bewegung der Katharer tauchte ab 1140 in Europa auf und verbreitete sich sehr schnell. Man nannte sie auch die Albigenser, nach einem ihrer Hauptsitze, der französischen Stadt Albi. Die Katharer glaubten daran, dass das Leben immer ein Auseinandersetzung zwischen den beiden Polen Gut und Böse sei: Gott ist das Gute und repräsentiert die ideale, gerechte Welt. Der Teufel ist das Böse, alle materiellen Güter, die ungerechte Welt. Gerade weil sie Privateigentum ablehnten, gegen die kirchlichen Sakramente und die strenge Hierarchie der Kirche protestierten, erregten sie den Zorn der offiziellen Kirche.

Aufgabe:

◎ Sollte es einer starken Gemeinschaft nicht egal sein, wenn einige sich von ihr abwenden? Warum fühlte sich die christliche Kirche scheinbar dauernd bedroht?

Waldenser

Die Waldenser nennen sich nach dem Gründer ihrer Bewegung, dem Kaufmann Petrus Valdes aus Lyon (ca. 1140–1206). Zentrales Element dieser Lehre war die Bergpredigt und das Gebot der Armut. Demnach musste man auf alle weltlichen Güter verzichten, um ein Leben im Sinne Jesu Christi zu führen. Zunächst wird die Bewegung auch von der offiziellen Kirche akzeptiert: Papst Alexander III. empfängt Valdes und seine Anhänger 1179 sogar persönlich. Anschließend aber wächst das Misstrauen der Kirche an der waldensischen Lehre, bis die Gruppe 1184 von Papst Lucius III. zu Ketzern erklärt, exkommuniziert und verfolgt wird.

© Verlag an der Ruhr ▪ Postfach 10 22 51 ▪ 45422 Mülheim an der Ruhr ▪ www.verlagruhr.de ▪ ISBN 3-86072-923-3

Im Namen Jesu – Die Inquisition

Die Anfänge

Kaiser Friedrich II. führt 1224 den Scheiterhaufen ein. 1231 erlässt **Papst Gregor IX.** die Schrift „Excommunicamus" (d.h. „wir exkommunizieren"), wonach die Inquisition unter die Zuständigkeit des Papstes gestellt wird. In der Folgezeit wird das Amt des Inquisitors eingerichtet. Die Inquisitoren richten sich immer für eine bestimmte Zeit an einem Ort ein, an dem die Prozesse auch geführt werden. Hier müssen sich alle der Ketzerei Angeklagten einfinden. Zwei Zeugenaussagen gelten schon als Schuldbeweis und 1252 erlaubt Papst Innozenz IV. dann auch den Einsatz von Folter, um Geständnisse notfalls auch zu erzwingen.

Anfangs erfahren die Angeklagten nicht einmal, wer sie überhaupt angezeigt hat. Erst Ende des 13. Jahrhunderts wird das durch Papst Bonifazius VIII. geändert. Im 16. Jahrhundert wird die „römische Inquisition" eingerichtet, die sich insbesondere mit dem wachsenden Protestantismus auseinander setzt und zahlreiche Protestanten verfolgen lässt.

Francisco de Goya Y Lucientes: Tribunal der Inquisition (1812–1814) (Auschnitt)

> „Wer einmal in die Mühlen der Inquisition geriet, hatte keine Chance. Er wurde durch eine oft langjährige Haft in finsteren Verließen gefügig gemacht, durch Folter gequält und zu einem ‚Geständnis' gezwungen. Sein Vermögen wurde beschlagnahmt und fiel zum großen Teil an die Kirche; seine Angehörigen standen meist mittellos auf der Straße, niemand traute sich, ihnen zu helfen."
>
> (Aus: Ralf Speis: „Ein Mahnmal für die Opfer der Kirche"; **www.kirchenopfer.de/ dieopfer/inquisition/index.html**)

Die offizielle Entschuldigung

Am 12. März 2000 bittet Papst Johannes Paul II. als erstes katholisches Kirchenoberhaupt um Vergebung für die Sünden, die in der Vergangenheit im Namen Christi begangen wurden – darunter auch die Inquisition, Gewalt in Religionskriegen und Antisemitismus. Das große **„Mea Culpa"** (lat. für „meine Schuld") wurde über drei Jahre lang von sieben Theologen unter der Leitung von Joseph Kardinal Ratzinger, dem heutigen Papst, erstellt.

Die Opfer

Die Inquisition (lat. „Befragung") wird im „Spiegel" als „Vorläufer von Gestapo, KGB und Stasi" beschrieben. Sie forderte in Europa zwischen dem 13. und dem 18. Jahrhundert mindestens eine Million, nach anderen Schätzungen zehn Millionen Menschenleben (Der Spiegel, 1.6.1998). Auf einen verbrannten „Ketzer" (von griech. katharoi = die Reinen) kam etwa die zehnfache Zahl an Menschen, die zu langjährigen Kerkerstrafen oder zu wiederholten schweren Demütigungen verurteilt wurden: Tragen von Brandmalen oder Abzeichen, regelmäßige Geißelungen oder beschwerliche Wallfahrten.

Die Gegenwart

1908 wird die Inquisition von Pius X. umbenannt in „Sacra Congregatio Sancti Officii" oder kurz „Sanctum Officium". Heutzutage ist diese Einrichtung als „Vatikanische Glaubenskongregation" bekannt. Ihre Aufgabe ist es auch heute noch, die Glaubens- und Sittenfrage in der katholischen Kirche zu fördern und zu schützen. Von 1981–2005 leitete der heutige Papst Benedikt XVI. als Josef Kardinal Ratzinger die Kongregation.

Aufgaben:

◎ Für welche Vergehen wurde man während der Inquisition mit welchen Strafen bestraft? Recherchiert z.B. bei **„www.wikipedia.de"**, unter **„www.inquisition2000.de"** oder **„www.lexi-tv.de/lexikon/ thema.asp?InhaltID=1449"**.

◎ Was glaubt ihr: Warum braucht die katholische Kirche heute noch eine Institution, die über Glaubens- und Sittenfragen wacht?

© Verlag an der Ruhr ■ Postfach 10 22 51 ■ 45422 Mülheim an der Ruhr ■ www.verlagruhr.de ■ ISBN 3-86072-923-3

Im Namen Jesu – Hexenprozesse

Der Hexenwahn

In Bezug auf die zahlreichen Hexenprozesse zwischen 1350 und dem Ende des 17. Jahrhunderts spricht man heute von einem regelrechten „Hexenwahn", der gegen Ende des 15. Jahrhunderts seinen Höhepunkt erreicht. 785 verkündete die offizielle christliche Kirche auf der „Heiligen Synode (Kirchenversammlung unter Vorsitz des Papstes) von Paderborn", dass derjenige, der die Existenz von Hexen behauptet, mit dem Tode bestraft wird. Im Verlauf der Inquisition und aufgrund der unterschiedlichen angeblich ketzerischen Bewegungen setzt man auch die Hexen wieder auf die Listen der zu Verfolgenden. Am 5. Dezember 1484 erlässt Papst Innozenz VIII. eine päpstliche Bulle (Urkunde mit päpstlichem Siegel) namens „Summis desiderantes". Damit bestätigt der Papst einerseits, dass es Hexen tatsächlich gibt und setzt andererseits Hexerei und Zauberei mit anderen Ketzereien gleich. Von nun an nimmt die Hexenverfolgung als besonders brutaler Teilaspekt der Inquisition ihren Lauf. Nur etwa 20 % der Opfer sind Männer.

> *„Bis zum Ende des 18. Jahrhunderts starben durch den Hexenwahn in Europa nach vorsichtigen Schätzungen zwischen 40 000 und 100 000 Menschen, überwiegend Frauen (Main-Echo, 12.3.1999), nach anderen Schätzungen etwa eine Million. Die Hälfte der Opfer, darunter auch Kinder, starb auf dem Boden des heutigen Deutschland."*
>
> (AUS: RALF SPEIS: „EIN MAHNMAL FÜR DIE OPFER DER KIRCHE"; **www.kirchenopfer.de/ dieopfer/hexenverfolgung/index.html**)

Kinderhexen in Afrika

In einigen Teilen Afrikas findet auch heute noch eine Hexenverfolgung statt: In Tansania oder im Kongo werden jedes Jahr Frauen und Kinder als Hexen verfolgt und ermordet. Gerade Stämme, bei denen Aberglauben und Zauberei noch eine große Rolle spielen, glauben an Hexen, die Unglück bringen: Für Todesfälle, Krankheiten und Unfälle werden dann böse, dämonische Kinder und Frauen verantwortlich gemacht. Die Verfolgung dieser angeblichen Hexen passiert jetzt aber nicht mehr im Namen Jesu – im Gegenteil: Vor Ort bemühen sich gerade christliche Pfarrer, die Frauen und Kinder zu schützen.

Aufgaben:

◎ Rote Haare, rote Augen, auffällige Kleidung oder lange Fingernägel: Hexen wurden an den unterschiedlichsten Merkmalen erkannt. Wer würde wohl heutzutage den Verdacht auf sich ziehen?

◎ Erstellt gemeinsam eine Wandzeitung zum Thema, die unterschiedlichste Aspekte berücksichtigt, z.B.: Wie hat sich das Bild der Hexe verändert im Laufe der Zeit, was bedeutet „Hexe" eigentlich etc.?

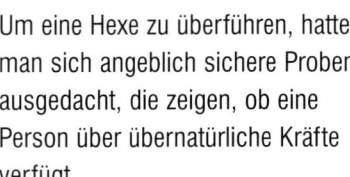

Hexenproben

Um eine Hexe zu überführen, hatte man sich angeblich sichere Proben ausgedacht, die zeigen, ob eine Person über übernatürliche Kräfte verfügt.

Wasserprobe: Die Angeklagte wurde, an Händen und Füßen gefesselt, ins Wasser geworfen. Blieb sie an der Wasseroberfläche, war sie eine Hexe. Ging sie unter, war sie unschuldig.

Feuerprobe: Die Angeklagte musste ein glühendes Eisenstück über eine festgelegte Entfernung tragen oder barfuß und mit verbundenen Augen über rotglühende Pflugscharen laufen. War die Angeklagte verletzt, war sie schuldig, war sie unverletzt, unschuldig.

> *„Der Glaube an Hexerei wirkt sich vor allem auf die sozialen Beziehungen älterer und alter Frauen aus. Sie werden oft als Hexen gebrandmarkt, da sie sehr rote Augen haben. Die meisten der unter dem Vorwurf der Hexerei ermordeten Frauen hatten rote Augen. Dabei hat die Rötung der Augen wahrscheinlich einen sehr einfachen Grund: Frauen sind bei den Sukuma ihr Leben lang rauchiger Luft und Qualm ausgesetzt, da sie mit – oftmals feuchtem – Holz in schlecht belüfteten Hütten die Nahrungsmittel zubereiten."*
>
> **www.missio-aachen.de/menschen-kulturen/laender/afrika/tansania/ mwanza_frauen.asp**

© Verlag an der Ruhr ∎ Postfach 10 22 51 ∎ 45422 Mülheim an der Ruhr ∎ www.verlagruhr.de ∎ ISBN 3-86072-923-3

Hintergründe, Fakten, Meinungen

Im Namen Jesu – Exorzismus

Anfänge des Exorzismus

Der Begriff stammt ursprünglich aus dem Griechischen (Exorkismós = das Hinausbeschwören) und meint in verschiedenen Religionen das Austreiben von Dämonen, bösen Geistern oder des Teufels aus Menschen, Tieren und Gegenständen. Im Christentum besitzt der Exorzismus eine lange Tradition, die auf die **Jesus-Darstellung** im Neuen Testament und sein Wirken in Galiläa zurückgeht. (Vgl. z.B. Mt 8,28 – 34; Lk 4,40 – 41; Mk 1,14 – 8,26)

„In ihrer Synagoge saß ein Mann, der von einem unreinen Geist besessen war. Der begann zu schreiben: Was haben wir mit dir zu tun, Jesus von Nazareth? Bist du gekommen, um uns ins Verderben zu stürzen? Ich weiß, wer du bist: der Heilige Gottes. Da befahl ihm Jesus: Schweig und verlass ihn! Der unreine Geist zerrte den Mann hin und her und verließ ihn mit lautem Geschrei.“ (Mk 1,23–26)

Bereits die frühen **christlichen Gemeinden** hatten mindestens einen geistlichen Exorzisten, der auf unterschiedliche Art und Weise versuchte, die **„Besessenen“** zu heilen. Damit sollte er das Wirken Jesu fortsetzen. Das Kreuzzeichen, Knoblauch, Glockenläuten, bestimmte Gerüche u.a. sollte helfen, die **Dämonen** zu besiegen. Heute lässt sich davon ausgehen, dass in der Vergangenheit viele Opfer von Nervenleiden und -schwächen, Krampfanfällen etc. für Besessene gehalten und einem Exorzisten überlassen wurden.

Christlicher Exorzismus heutzutage

1999 veröffentlicht der Vatikan das Dokument **„De exorcismis et supplicationibus quibusdam“**, in dem festgelegt ist, dass der Vollzug eines richtigen Exorzismus nur einem Priester erlaubt ist und vom Bischof genehmigt werden muss. Da in den letzten Jahrzehnten die Medizin große Fortschritte gerade im Bereich der Geisteskrankheiten und der Neurologie gemacht hat, spielen Exorzisten in Europa keine große Rolle mehr – ganz im Gegensatz zu Afrika, wo „exorzistische Heilungen“ häufig durchgeführt werden.

Exorzismus

Nonne stirbt qualvollen Tod am Kreuz

Eine junge Nonne ist in Rumänien auf brutale Weise getötet worden, weil sie angeblich vom Teufel besessen war. Ein Priester und vier Mitschwestern hatten die 23-Jährige tagelang an ein Kreuz gefesselt. Der Abt des Klosters nannte die Kreuzigung „genau das Richtige“.

Bukarest – Von Gläubigen gerufene Sanitäter fanden die junge Frau im Kloster zur heiligen Dreifaltigkeit in Tanacu tot an ein Kreuz gefesselt, teilte die Polizei in der Provinzstadt Vaslui mit. Die Schwester habe seit drei Tagen geknebelt am Kreuz gehangen. Zuvor sei das Opfer mehrere Tage an Händen und Füßen gefesselt ohne Wasser und Nahrung in einem Anbau des Klosters gefangen gehalten worden. Der Priester und die vier Nonnen erklärten nach Polizeiangaben, die junge Frau sei vom Teufel besessen gewesen.
Nach Aussage der Polizei lebte die Nonne erst seit drei Monaten in dem Kloster im Nordosten Rumäniens. Nach einem Besuch bei einer Freundin habe der Priester, der sie jetzt exorzierte, ihr geraten zu bleiben. „Sie war krank und besessen. Wir haben mehrere Messen gelesen, um den Bann zu lösen. Deshalb haben wir vom religiösen Standpunkt her genau das Richtige getan“, sagte der Abt des Klosters von Tacanu, Bruder Daniel, der Nachrichtenagentur Mediafax.
Der Abt des Klosters im nahen Golia nannte die Kreuzigung hingegen „unentschuldbar“. Der orthodoxe Patriarch in Bukarest, Bogdan Teleanu, sagte der Nachrichtenagentur AFP, er könne den Fall nicht beurteilen, weil er nicht wisse, „was die junge Frau getan“ habe.

www.spiegel.de/panorama/ 0,1518,360834,00.html/ (Spiegel online 16. Juni 2005)

Aufgabe:

◎ Sprecht über diesen Exorzismus-Fall gemeinsam in der Klasse.
Wie beurteilt ihr die Aussage von Bogdan Teleanu, der den Vorfall nicht kommentieren will, weil er nicht wisse, was die Nonne getan habe?

© Verlag an der Ruhr ▪ Postfach 10 22 51 ▪ 45422 Mülheim an der Ruhr ▪ www.verlagruhr.de ▪ ISBN 3-86072-923-3

Mit Jesus in den Krieg

Die Kreuzzüge

1095 findet die Synode von Clermont statt. Papst Urban II. nutzt diese Gelegenheit, um alle gläubigen Christen zum Kreuzzug gegen die Heiden in Palästina aufzurufen. Die Christen Europas waren zu diesem Zeitpunkt davon überzeugt, durch die Vertreibung der Heiden aus dem Heiligen Land den Willen Gottes zu erfüllen. Ein besonderes Motiv für den ersten Kreuzzug war die Zerstörung der **Grabeskirche** in Jerusalem 1009. Die Basilika wurde 614 von den Persern zerstört, wieder aufgebaut und im Jahr 1009 von dem Kalifen Al-Hakim ein weiteres Mal zerstört. Auch das Felsengrab Jesu wurde bei dieser Zerstörung abgebrochen. 1099 eroberten die ersten Kreuzritter Jerusalem und konnten die Kirche 1149 dann neu errichten. Insgesamt werden mehrere (die Zahl schwankt wegen einer unterschiedlichen Zählung heute zwischen 7 und 9) Kreuzzüge unternommen, die sich über einen Zeitraum von zwei Jahrhunderten erstrecken: Die ersten Kreuzfahrer brechen **1096** auf, die letzten verlassen **1291** das Heilige Land.

Jesus als Vorwand

Die ursprünglich religiösen Motive traten im Laufe der Zeit in den Hintergrund – die Kriege richten sich plötzlich nicht mehr nur gegen das Heilige Land, sondern auch gegen christliche Städte, gegen das oströmische Reich und die dort lebenden orthodoxen Christen. So erobern die Kreuzfahrer z.B. gemeinsam mit dem venezianischen Fürsten Enrico Dandolo 1202 die christliche Stadt Zara, die Venedig Jahre vorher an Ungarn verloren hatte.

Die Beute wird unter den Kreuzfahrern, den „**Soldaten Christi**", und den Venezianern aufgeteilt. 1203 greift das Heer der Kreuzfahrer Konstantinopel an, die Hauptstadt des oströmischen Reiches, nicht aus religiösen, sondern aus machtpolitischen Gründen. Viele Kirchenvertreter waren Adlige, denen es nicht um religiöse Motive ging, sondern die einfach nur ihre politische und finanzielle Macht ausbauen wollten. Außerdem mussten die Kreuzzüge auch bezahlt und Waffen gekauft werden. Viele Raubüberfälle und Plünderungen passierten unter anderem, um für die eigentlichen Kreuzzüge Geld einzutreiben.

EUGÈNE FERDINAND VICTOR DELACROIX:
EINNAHME KONSTANTINOPELS DURCH DIE KREUZRITTER (1840)

Aufgabe:

◎ Erstellt eine Übersicht über die Zeitpunkte und die Dauer der Kreuzzüge. Welche konkreten Gründe verfolgten sie? Wie ist die heutige Haltung der Kirche zu diesem Thema? Teilt die Themen auf und bildet Gruppen. Haltet dann zusammen Kurzreferate.

© Verlag an der Ruhr ∙ Postfach 10 22 51 ∙ 45422 Mülheim an der Ruhr ∙ www.verlagruhr.de ∙ ISBN 3-86072-923-3

Kriege heute

Kriege im Namen Jesu oder im Namen Gottes gehören nicht einfach der Vergangenheit an. Auch heute noch entstehen viele der aktuellen Kriege aus religiösen Motiven. Vordergründig wird dabei um den „richtigen" Gott gekämpft. So, als ob mit Waffen entschieden werden könnte, wo welcher Gott angebetet werden soll. In Wirklichkeit verbergen sich hinter den religiösen Motiven aber meist machtpolitische Gründe einiger Regierungen und Einzelherrscher. Dabei geht es dann um finanzielle, militärische und wirtschaftliche Interessen.

Kirche und Militär

Die christliche Kirche hat gesonderte Abteilungen für die Betreuung von Soldaten und anderen Militärangehörigen. Das Evangelische Kirchenamt für die Bundeswehr und das Katholische Militärbischofsamt sind dem Bundesministerium der Verteidigung zugeordnet und beziehen von dort auch ihre Gelder. An der Spitze der beiden Einrichtungen stehen jeweils der katholische Militärbischof und der evangelische Militärbischof. Zu den Aufgabenbereichen der Einrichtungen gehören in erster Linie die Soldatenseelsorge und die generelle Betreuung von Soldaten, auch an Kriegsschauplätzen.

Aufgabe:

◉ Denkt an aktuelle Konfliktherde wie den Irak oder Afghanistan. Versetzt euch in die Lage eines katholischen oder evangelischen Pfarrers. Was sagen sie den Soldaten vor Ort?

Krieg der Konfessionen – Nordirland

Der Nordirland-Konflikt zeigt, welches Ausmaß sogar der Krieg innerhalb des Christentums, zwischen Katholiken und Protestanten, annehmen kann. Auch hier geht es eigentlich nicht um einen religiösen, sondern um einen politischen Konflikt. Im Laufe der Zeit aber sind aus den politischen Lagern gleichzeitig auch eindeutig konfessionelle Parteien entstanden. Der Kampf um die Unabhängigkeit Nordirlands von Großbritannien und um seine Zugehörigkeit zur katholischen irischen Republik endete erst 1998 mit einem Friedensabkommen zwischen Großbritannien und Nordirland.

Aufgabe:

◉ Recherchiert im Internet, in Lexika oder Geschichtsbüchern zum Thema „Nordirlandkonflikt". Verfasst dann ein Kurzreferat und stellt die Auslöser des Konflikts, den Kriegsverlauf und die Friedensverhandlungen vor. Welche Rolle haben religiöse Motive in den letzten Jahrzehnten des Konflikts noch gespielt?

Linktipps:

➡ **www.hls.sha.bw.schule.de/konflikt/index.htm**
➡ **de.wikipedia.org/wiki/Nordirlandkonflikt**

> „Und wenn die Priester des 20. Jahrhunderts ebenso Waffen segneten wie ihre Vorläufer im 11. Jahrhundert, verwandelt sich das ‚Gott will es' von 1095 in das **‚Gott mit uns'** von **1914** und **1939**. Unverändert sanktionierte [hier: unterstützte] Kardinal Spellmann von New York den **Vietnamkrieg** als ein **‚gottgewolltes Unternehmen'**, wie ihn Erzbischof Lucey aus Texas zu einer Verpflichtung aus dem Gesetz der Liebe erklärte [...] und George W. Bush in dieser Tradition den Irak dämonisierte."
>
> (AUS: HUBERTUS HALBFAS: DAS CHRISTENTUM. PATMOS 2004. S. 155.)

© Verlag an der Ruhr ▪ Postfach 10 22 51 ▪ 45422 Mülheim an der Ruhr ▪ www.verlagruhr.de ▪ ISBN 3-86072-923-3

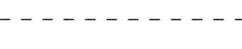

Mit Jesus Politik machen

Die Bibel im Alltag

Die **Partei Bibeltreuer Christen (PBC)** wendet sich an alle Christen, unabhängig von der jeweiligen Konfession, und setzt sich für eine **Wende in unserer modernen Gesellschaft** ein. Mit Bezug auf Jesu Worte und Wirken verlangt die PBC, dass biblische Grundsätze zu Leitlinien unseres alltäglichen Lebens werden. Wie der **Einzug der Bibel in den Alltag** aussehen könnte, hat die Partei in ihrem Wahlprogramm zu erklären versucht:

„Die PBC lehnt alle Versuche ab, Ehe und Familie anzutasten. Eheähnliche Verbindungen und **so genannte Ehen zwischen Gleichgeschlechtlichen** dürfen der Ehe nicht gleichgestellt werden. Die PBC besteht auf dem vom Grundgesetz garantierten Schutz von Ehe und Familie (Artikel 6 Grundgesetz). Sie fordert alle verfassungsmäßigen Organe der Bundesrepublik Deutschland auf, Gesetze, die den Schutz von Ehe und Familie antasten oder aushöhlen, dem Bundesverfassungsgericht vorzulegen. Sie appelliert an den

„Hüter der Verfassung", jeden Versuch dieser Art zu unterbinden. [...] Darum fordert die PBC in den Lehrplänen aller Schulen auch die **Berücksichtigung der Bibel und ihrer Prinzipien**. Das gilt auch für die Schöpfungslehre der Bibel. Die reine Wissensvermittlung soll gestrafft und von überflüssigem Ballast befreit werden. [...]

Die PBC strebt die Einführung **regelmäßiger Bibelunterweisung** an allen deutschen Schulen für alle Schüler, auch Ausländerkinder, an. Wir wollen die Person Jesus Christus, die alle Persönlichkeiten der Geschichte überragt, als Vorbild in das Bewusstsein unserer Kinder bringen. Mit Sicherheit werden dadurch immense Segensströme von Gott für unsere Familien und für unser Volk und Land freigesetzt. [...]

Die PBC fordert ein **Verbot von Astrologie, Wahrsagerei und Horoskopen an allen öffentlichen Schulen** und Bildungseinrichtungen und eine gezielte, gründliche und praktische Aufklärung über die grausamen

Spätfolgen solcher **antigöttlichen Praktiken**. [...]

Wir fordern weiter eine Verschärfung des Strafrechts bei Unzucht mit Kindern und Verführung Minderjähriger, Wiedereinführung der Bestrafung von Kuppelei und von homosexuellen Beziehungen mit Jugendlichen und verschärfte Überwachung der Prostitution. [...]

Die PBC tritt dafür ein, alle Länder, aus denen Asylsuchende zu uns kommen, zu einer Änderung der politischen Verhältnisse zu bewegen, damit niemand zur Flucht aus seiner Heimat gezwungen wird. Die PBC rechnet aber auch in diesen Nöten mit der Hilfe Gottes und will durch gezieltes Gebet zur Veränderung der jeweiligen Situation beitragen. [...]

Die PBC fordert zur Sicherung des Friedens und zur Abwehr eventueller Bedrohung der Bundesrepublik **nationale Gebets- und Fastentage**. Entsprechend biblischen Tatsachen wurden große Erfolge durch Gebet und Fasten auf dem Schlachtfeld errungen.

www.pbc.de/Programm/
PBC_Grundsatzprogramm.htm

Fun-da-men-ta-lis-mus, der;

–, keine Mehrzahl

1. RELIGION streng buchstabengetreue Auffassung grundlegender religiöser Schriften und ihrer Befolgung im praktischen Leben.

2. starres Festhalten an grundsätzlichen politischen Positionen.

(LANGENSCHEIDT, ONLINE-FREMDWÖRTERBUCH)
www.langenscheidt.de/fremdwb/

Aufgaben:

◎ Lest euch das Parteiprogramm der PBC gut durch und erstellt dann eine Liste der Forderungen dieser Partei. Was könnt ihr nachvollziehen, was erscheint euch übertrieben?

◎ Gibt es Punkte im Parteiprogramm, die sich gegen andere richten? Wenn ja, welche?

◎ Wieso kann eine Partei wie diese in der heutigen, aufgeklärten Zeit überhaupt noch Mitglieder und Wähler für sich gewinnen? Was glaubt ihr?

Hintergründe, Fakten, Meinungen

© Verlag an der Ruhr ■ Postfach 10 22 51 ■ 45422 Mülheim an der Ruhr ■ www.verlagruhr.de ■ ISBN 3-86072-923-3

Mit Jesus Politik machen

Die Christliche Mitte

Die Christliche Mitte ist eine christlich-konservative Partei, die bei einigen Wahlen erstaunliche Erfolge verbuchen konnte, z.B. in einigen Kommunen 10 % bei der Kommunalwahl in Baden-Württemberg und bis zu 7 % bei der Bundestagswahl 1998. Die CHRISTLICHE MITTE versteht sich als Sammelbewegung für Konservative. In ihrem Parteiprogramm erklärt sich diese Partei als Alternativpartei zur CDU/CSU, die laut der Christlichen Mitte wegen ihrer liberalen Haltung zur Abtreibung für Christen unwählbar geworden sei. Für die Christliche Mitte ist Abtreibung Mord und muss strafrechtlich verfolgt werden. Darüber hinaus warnt die Christliche Mitte vor der angeblich fortschreitenden Islamisierung Deutschlands. Um die Botschaft Jesu Christi wieder deutlicher zu machen, vertreibt die Partei verschiedene Veröffentlichungen, z.B. das Buch „Muslime erobern Deutschland" oder eine Veröffentlichung über Moscheen in Deutschland.

Der Islam, eine „Religion des Friedens"?

Terroristen besuchen freitags regelmäßig die Moscheen, denn sie sind wahre Muslime, die die Anweisungen Allahs wörtlich nehmen. Moscheen sind Brutstätten von Attentätern – auch in Deutschland. Deshalb ist es ein Versäumnis, sich nicht mit den Moscheevereinen und ihren Zielen zu beschäftigen.

www.christliche-mitte.de/rand/kurier.htm

Moscheen in Deutschland – Stützpunkte islamischer Eroberung

Wollen Sie wissen, wer und was sich hinter den örtlichen Moscheevereinen verbirgt? Welche wahren Ziele dialogfreudige Muslime verfolgen? Welche Fallen Politikern und Kirchenvertretern gestellt werden? Wie die deutsche Öffentlichkeit getäuscht wird? Dann müssen sie das Buch „Moscheen in Deutschland – Stützpunkte islamischer Eroberung" (224 Seiten, Großformat, zum Selbstkostenpreis von nur 5 € frei Haus) lesen.

Aus dem Inhalt:

Moscheen sind keine Gotteshäuser, sondern „Orte der Niederwerfung" vor dem falschen Gott, dem Götzen Allah. – Wie viele Moscheen gibt es in Deutschland? [...] Geheimorden unter Moschee-Vereinen – Was verstehen Muslime unter interreligiösem Dialog? – [...] Gemeinsames Ziel aller Muslime in Deutschland – Das deutsche Kalifat – Keine Religionsfreiheit im Islam – Was verstehen Muslime unter Toleranz und Integration? – Islamische Strategie der Eroberung Deutschlands – und viele andere Themen.

www.christliche-mitte.de/rand/material.htm

Artikel 4 des Grundgesetzes:

(1) Die Freiheit des Glaubens, des Gewissens und die Freiheit des religiösen und weltanschaulichen Bekenntnisses sind unverletzlich.

(2) Die ungestörte Religionsausübung wird gewährleistet.

Aufgaben:

◎ Sind alle Moscheen Brutstätten von Terroristen? Schließt euch in Gruppen zusammen und besucht eine Moschee. Sprecht vorher mit den Verantwortlichen, ob ein solcher Besuch möglich ist und wie ihr euch verhalten solltet.

◎ Oben lest ihr verschiedene Aussagen aus dem Parteiprogramm der Christlichen Mitte. Berücksichtigt die aktuelle Diskussion in Gesellschaft und Medien um das Thema „Muslime in Deutschland". Wie erklärt ihr euch den Wahlerfolg der Partei und inwiefern sind an diesem Erfolg gerade die deutlichen Worte im Parteiprogramm beteiligt?

◎ Was bedeuten eurer Meinung nach „ungestörte Religionsausübung" und „Freiheit des Glaubens"? Berücksichtigt das Wahlprogramm der „Christlichen Mitte" diese beiden Grundrechte?

Hintergründe, Fakten, Meinungen

© Verlag an der Ruhr ▪ Postfach 10 22 51 ▪ 45422 Mülheim an der Ruhr ▪ www.verlagruhr.de ▪ ISBN 3-86072-923-3

Jesus und Frauen

BUONINSEGNA DI DUCCIO:
CHRISTUS ERSCHEINT MAGDALENA (1308/11)

Mit Jesus für die Rechte der Frau?

❚ Vor dem Hintergrund seiner Zeit gesehen fällt tatsächlich das liberale Verhalten auf, das Jesus von Nazareth im Umgang mit Frauen zeigt.

„Da brachten die Schriftgelehrten und die Pharisäer eine Frau, die beim Ehebruch ertappt worden war. Sie stellten sie in die Mitte und sagten zu ihm: Meister, diese Frau wurde beim Ehebruch auf frischer Tat ertappt. Mose hat uns im Gesetz vorgeschrieben, solche Frauen zu steinigen. Nun, was sagst du? [...] Als sie hartnäckig weiterfragten, richtete er sich auf und sagte zu ihnen: Wer von euch ohne Sünde ist, werfe als Erster einen Stein auf sie."
(JOH 8,3–7)

❚ Dem Neuen Testament nach spielen Frauen eine ganz besondere Rolle in seinem Leben und bei seinen „Wundertaten". So sind die Toten, die Jesus zum Leben erweckt, fast ausnahmslos weiblich. Es sind Frauen, die Jesus berühren, ob beim Salben mit Öl, beim Umschlingen seiner Füße oder beim Betasten seines Gesichts. Jesus versucht dabei auch, geltende Gesetze zugunsten der Frauen zu ändern. Deutlich wird dies z.B. an der Diskussion über den Ehebruch: Eigentlich gilt zu Jesu Lebzeiten ein Scheidungsgesetz, das die Rechte der Frau vollkommen vernachlässigt. Die hebräischen Frauen dürfen sich nicht von ihren Männern scheiden lassen, sondern müssen bei ihm bleiben – unter allen Umständen. Die Männer aber können praktisch aus jedem beliebigen Grund den so genannten Scheidungsbrief ausstellen, ihre Frau verlassen und eine andere heiraten. Vor diesem Hintergrund erscheinen Jesu Aussagen fast ein wenig reformorientiert, was die Rechte der Frau betrifft:

„Da sagten sie zu ihm: Wozu hat dann Moses vorgeschrieben, dass man (der Frau) eine Scheidungsurkunde geben muss, wenn man sich trennen will? [...] Ich sage euch: Wer seine Frau entlässt, obwohl kein Fall von Unzucht vorliegt, und eine andere heiratet, der begeht Ehebruch. Da sagten die Jünger zu ihm: Wenn das die Stellung des Mannes in der Ehe ist, dann ist es nicht gut zu heiraten."
(MT 19,6–10)

Und danach?

Sollte Jesus von Nazareth tatsächlich auch für die Rechte der Frau eingetreten sein, dann blieben ernsthafte Folgen dieser Botschaft aus. Schon in den Briefen des Paulus wird klar, dass Frauen eine – im Vergleich zu den Männern – untergeordnete Rolle spielen. Daran wird sich im Laufe der Kirchengeschichte trotz der Bedeutung der Jungfrau Maria nicht viel ändern. Paulus drückt sich in seinem Brief an die Epheser deutlich aus:

„Ihr Frauen, ordnet euch euren Männern unter wie dem Herrn (Christus); denn der Mann ist das Haupt der Frau, wie auch Christus das Haupt der Kirche ist; er hat sie gerettet, denn sie ist sein Leib. Wie aber die Kirche sich Christus unterordnet, sollen sich die Frauen in allem den Männern unterordnen."
(EPHESER 5,22–24)

Aufgabe:

◎ Entwerft an der Tafel eine Gegenüberstellung von den Rechten, die Männer und Frauen jeweils innerhalb der Kirche haben. Berücksichtigt dabei die Unterschiede zwischen den Konfessionen.

© Verlag an der Ruhr ■ Postfach 10 22 51 ■ 45422 Mülheim an der Ruhr ■ www.verlagruhr.de ■ ISBN 3-86072-923-3

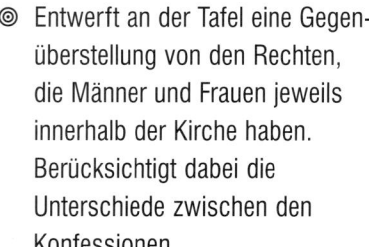

Die Proteste von Frauen, die sich gegen die Benachteiligung weiblicher Christinnen innerhalb der katholischen Kirche auflehnen, wurden in den letzten Jahren immer lauter.

Insbesondere das internationale Netzwerk **Women's Ordination Worldwide** macht durch provokante Aktionen auf die fehlende Chancengleichheit für Mann und Frau aufmerksam.

Frau in Frankreich zur „katholischen Priesterin" geweiht

Lyon – Mit der Weihe einer Frau zur „römisch-katholischen Priesterin" haben in Lyon drei „Bischöfinnen" der Dissidentenbewegung Women Ordination World Wide den Vatikan herausgefordert. „Wir bleiben in der katholischen Kirche und hoffen, dass Benedikt XVI. nichts gegen uns unternimmt", sagte die Deutsche Gisela Forster. […] Mit zwei anderen Bischöfinnen der Bewegung weihte Forster die 55jährige Französin Geneviève Beney zur „Priesterin". In einem Briefwechsel hatte der Lyoner Kardinal-Erzbischof Philippe Barbarin vergeblich versucht, Beney davon abzubringen. Ihr droht nun die Exkommunikation.

Nach dem katholischen Dogma dürfen Frauen zwar den Katechismus lehren oder Begräbnisfeiern leiten. Taufe, Kommunion und Eheschließung sind aber männlichen Priestern vorbehalten.

www.welt.de/data/2005/07/04/740875.html (VOM 04.07.2005)

Aus einem Online-Forum zum vatikanischen Schreiben an die Bischöfe:

Autor: S c h o k o l i n d a Datum: 4.8.2004 12:30 Uhr
„Wiederum frage ich mich, woher ein Haufen alter Männer, zudem noch zölibatär, die Kompetenz nimmt, dermaßen tiefschürfende Weisheiten über das Frausein zu verbreiten. In deren Augen muss ich ein Fehler der Natur sein, weil meine Fähigkeit für andere weniger stark angelegt ist. Und mein Mann ist dann auch ein Fehler der Natur, da seine Fähigkeit für andere wesentlich stärker ist als meine."

Autor: p e n d r a g o n Datum: 4.8.2004 10:07 Uhr
„Für mich ist die katholische Kirche mit eine der frauenfeindlichsten Organisationen weltweit. Um in so einem Verein karriereorientiert mitzuarbeiten, muss man schon einige seiner Grundsätze verinnerlicht haben. Das dürfte aber mit den humanistischen Zielen des Feminismus eindeutig unvereinbar sein."
www.wer-weiss-was.de/theme77/article2343872.html#2343872

Aufgabe:

◎ Könnt ihr diese Reaktionen auf das Schreiben nachvollziehen. Macht der Vatikan mit seinen Äußerungen Frauen kein Kompliment?

Aufgabe:

◎ Warum dürfen Frauen wohl Begräbnisfeiern leiten, nicht aber die Taufe, Kommunion und Eheschließung durchführen?

Linktipps:

➡ Unter **www.womensordination.org** könnt ihr die Forderungen des internationalen Netzwerks auf Englisch nachlesen. Deutsche Versionen von Veröffentlichungen, die im Rahmen einer ersten internationalen Konferenz der Organisation entstanden sind, findet ihr unter: **www.iol.ie/~duacon/wow2001/wow2001.htm**

„Die Aktualität der fraulichen Werte im Leben der Gesellschaft

Unter den Grundwerten, die mit dem konkreten Leben der Frau verbunden sind, ist jener zu erwähnen, den man ihre ‚Fähigkeit für den anderen' genannt hat. Trotz der Tatsache, dass eine gewisse Strömung des Feminismus Ansprüche ‚für sie selber' einfordert, bewahrt die Frau doch die tiefgründige Intuition, dass das Beste ihres Lebens darin besteht, sich für das Wohl des anderen einzusetzen, für sein Wachstum, für seinen Schutz."

(AUS: KONGREGATION FÜR DIE GLAUBENSLEHRE: SCHREIBEN AN DIE BISCHÖFE ÜBER DIE ZUSAMMENARBEIT VON MANN UND FRAU IN DER KIRCHE UND IN DER WELT. AMTLICHE VATIKANISCHE FASSUNG. ZÜRICH 2004. S. 22.)

© Verlag an der Ruhr ∎ Postfach 10 22 51 ∎ 45422 Mülheim an der Ruhr ∎ www.verlagruhr.de ∎ ISBN 3-86072-923-3

Von der Armut

Reichtum in der Bibel

„Und alle, die gläubig geworden waren, bildeten eine Gemeinschaft und
hatten alles gemeinsam. Sie verkauften Hab und Gut und gaben davon allen,
jedem so viel, wie er nötig hatte."
(Apostelgeschichte, 2,44–45)

„Eher geht ein Kamel durch ein Nadelöhr, als dass ein Reicher in das Reich
Gottes gelangt."
(Mk 10,25) (vgl. Lk 18, 25 und Mt 19,24)

Geld und Kirche – ein Widerspruch?

Liest man das Neue Testament, ist
die Antwort auf die Frage nach der
Bedeutung von Reichtum eindeutig.
Was hier gepredigt wird, ist „keine
Marktwirtschaft, das ist Urkommu-
nismus. Das Evangelium favorisiert
Altruismus und Kollektiveigentum,
der Kapitalismus baut auf Egoismus
und Privateigentum. Gibt es keine
Versöhnung?"
(FAZ am Sonntag, Nr. 31, 07.08.05., S.35)

Mit Bezug auf die Bibel fordern einige Christen, das Streben nach Geld
und Luxus aufzugeben und das sozi-
ale Ungleichgewicht zwischen „Arm"
und „Reich" anzugehen.

„[...] diese Generation ist
nicht weniger kapitalismus-
kritisch eingestellt als viele
Christen in den siebziger und
achtziger Jahren. Der ‚unge-
zügelte Kapitalismus' trage
zur Ungerechtigkeit und
wachsender Ungleichheit in
der Welt bei, so schallt es;
der ‚Verherrlichung des
Marktes' müsse Einhalt ge-
boten werden."
(FAZ am Sonntag, Nr. 31. 07.08.05.
S. 35)

Aber schon die Kirchengeschichte zeigt: Kapitalismus und Kirche bilden nicht
unbedingt einen Widerspruch. So schrieb Papst Johannes Paul II. 1991 auf
die Frage, wie der Kapitalismus aus kirchlicher Sicht zu bewerten sei:

„Wird mit Kapitalismus ein Wirtschaftssystem bezeichnet, das
die positive Rolle des Unternehmens, des Marktes und des
Privateigentums beschreibt, ist die Antwort sicher positiv."
(In: Centesimus annus. Zum 100. Jahrestag der Enzyklika „Rerum Novarum")

Können Reichtum und Geld also auch nützlich sein – für die Kirche? Der, der
viel Geld besitzt, kann ja schließlich auch viel Gutes tun.

„Denn die Kirchen finanzieren sich – zumindest in Deutschland –
wie der Staat mit Zwangssteuern. Sie verteilen das Geld anderer
Leute, welches sie selbst nicht verdient haben, und halten das für
christlichen Altruismus."
(FAZ am Sonntag, Nr. 31. 07.08.05. S. 35)

Der **reformierte Kapitalismus** erklärt, warum Reichtum gottgefällig ist:

„Der Erwählte lebt weder für sich noch für die anderen, sondern
allein zur grösseren Ehre Gottes. [...] Den Erfolg, den er in seinem
Beruf hat, ist für ihn Gottes Fingerzeig, dass er zu den Erwählten
gehört. Je mehr Geschäfte prosperieren [d.h. gut laufen], desto
glaubhafter ist ihm Gottes Heil zugesichert. Es geht nicht darum,
Reichtum zu erwerben, um im Luxus zu schwelgen und ein Lotter-
leben zu führen, sondern darum, zur Ehre Gottes hart zu arbeiten."
(Victor Conzemius: Geld scheffeln zur Ehre Gottes. In: Sonntag online. Katholische
Familienzeitschrift. vom 03.09.2004 **www.kath.ch/aktuell_detail.
php?meid=31764&druckversion=y&pw**)

© Verlag an der Ruhr ▪ Postfach 10 22 51 ▪ 45422 Mülheim an der Ruhr ▪ www.verlagruhr.de ▪ ISBN 3-86072-923-3

Jesus: Mit den Armen und für die Armen

Für eine der wichtigsten Aussagen Jesu hält man seine Botschaften an die sozial Benachteiligten und die Schwachen der Gesellschaft. Jesus, wie ihn die Evangelien beschreiben, verpflichtete auch seine Jünger zur Solidarität mit den Armen. Er verkündete, dass die Armen, Benachteiligten und Außenseiter dem Reich Gottes im Grunde näher seien:

„Selig, die arm sind vor Gott; denn ihnen gehört das Himmelreich."
(MT 5,3)

„Hört, meine geliebten Brüder: Hat Gott nicht die Armen in der Welt auserwählt, um sie durch den Glauben reich und zu Erben des Königreichs zu machen, das er denen verheißen hat, die ihn lieben?"
(JAK 2,5)

„Selig, ihr Armen, denn euch gehört das Reich Gottes."
(LK 6,20)

DIE TIARA (PAPSTKRONE) WAR DAS ZEICHEN DER WELTLICHEN MACHT DES PAPSTES.

Das Geld der Kirchen

Grundbesitz	143.200.000.000 €
Immobilien	61.100.000.000 €
Kapitalvermögen	87.900.000.000 €
Diakonie/Caritas	66.100.000.000 €
Kirchenausstattung	2.700.000.000 €
Medienunternehmen	400.000.000 €
Ferienstätten	200.000.000 €
Etc. [...]	
INSGESAMT	501.800.000.000 €

(QUELLE: CARSTEN FRERK: FINANZEN UND VERMÖGEN DER KIRCHEN IN DEUTSCHLAND. ALIBRI 2002.)

Aufgaben:

◎ Verfasst eine Liste mit 2 Spalten. Nennt Beispiele für den Einsatz der Kirche im Kampf gegen die Armut. Fallen euch, gerade im Hinblick auf die gesamte Kirchengeschichte, Beispiele ein, die zeigen, dass die Kirche sich mit den Reichen verbindet?

◎ Kann ein reicher Mensch im Sinne Jesu christlich leben? Wie viel muss er spenden, um ein guter Christ zu sein?

Reiche Kirchen

Die Kirchen sind die reichsten Unternehmen in Deutschland. Das Kirchenvermögen aus Geld, Immobilien, Aktien, Grundbesitz usw. beträgt ca. 500 Milliarden Euro. Insgesamt besitzen beide Kirchen zusammen 6,8 Milliarden Quadratmeter Grund und Boden. Das ist etwa dreimal so viel wie Bremen, Hamburg, Berlin und München zusammen. Allein die Einnahmen aus der Kirchensteuer betragen 4,5 Milliarden Euro jährlich für die katholische und knapp 4 Milliarden Euro für die evangelische Kirche. Weitere 9,7 Milliarden Euro für beide Kirchen kommen aus staatlichen Quellen. Dabei handelt es sich zum Teil um Entschädigungszahlungen des Staats an die Kirche. 1803 fand die Zwangsenteignung von Kirchengut statt, das damals in staatliches Eigentum umgewandelt wurde. Noch heute zahlt der Staat dafür.

(QUELLE: CARSTEN FRERK: FINANZEN UND VERMÖGEN DER KIRCHEN IN DEUTSCHLAND. ALIBRI 2002.)

© Verlag an der Ruhr ▪ Postfach 10 22 51 ▪ 45422 Mülheim an der Ruhr ▪ www.verlagruhr.de ▪ ISBN 3-86072-923-3

Ein Priester packt's an

Gelebte Nächstenliebe

Der Advent ist Prime Time für Pfarrer Franz Meurer. Gerade hat ein Unternehmen 18 000 Tafeln Schokolade gespendet. Die Lokalzeitung hat seinen Aufruf zur Knochenmarkspende für die krebskranke Frederike gedruckt, und einen Sponsor für die Festbeleuchtung hat er auch gefunden. „An Weihnachten menschelt es mächtig", sagt der 53-Jährige. „Das müssen wir nutzen." Vor zwölf Jahren hat der katholische Pfarrer die Gemeinde Höhenberg-Vingst in Köln übernommen. Ein Arbeiterviertel: 23 000 Menschen, fast 40 Prozent leben von Sozialhilfe, jeder Dritte ist Ausländer. Ein sozialer Brennpunkt, doch dank Meurers Schaffen auch ein Hort der Nächstenliebe. [...] Der Pfarrer malocht für seinen Glauben sieben Tage die Woche in einer abgetragenen Steppweste oder im Blaumann. Dienstags verteilt er an Bedürftige, was Supermärkte auf den Müll ge-

worfen hätten. Mittwochs öffnet er im Keller der mondänen Leichtbetonkirche von St. Theodor den Kleidermarkt, in dem sich jeder gegen eine Schutzgebühr von zwei Euro gebraucht einkleiden kann. Er hat mit seiner Gemeinde mehr als 1000 Blumenbeete in die Tristesse des Viertels gepflanzt. Im Sommer organisiert er für 500 sozial benachteiligte Kinder ein Feriencamp. Vergangene Woche hat Meurer einen Praktikanten eingestellt, der zuvor Patient im örtlichen Regelvollzug war. „Einen Kriminellen aus der Klapse für die Kirchenarbeit einzuspannen, werden viele für verrückt halten", sagt Meurer. „Aber eine christliche Gemeinschaft muss das tragen können." Jeder verdient Respekt – und eine Chance. Einige Schäflein hat Pfarrer Meurer mit seiner unkonventionellen Mission verloren, umso mehr hat er gewonnen. Bei der Messe am Sonntag ist

das Gotteshaus überfüllt. Bis zu 500 Menschen sitzen auf beigestellten Ikea-Hockern und Bierbänken, um Meurers Predigten zu lauschen und um die junge Russin zu sehen, die im Chor jetzt in der ersten Reihe steht. „Sie ist einfach hübsch, und die Leute wollen sie dort sehen. Das ist doch nichts Verwerfliches." Meurer hält nichts von Dogmen. Er verzichtet auf den erhobenen Zeigefinger und auf alttestamentarische „Du-sollst-Moral", verteilt stattdessen zum Ärgernis einiger Glaubensbrüder die Antibabypille an junge Frauen. Dass das im Widerspruch zu den katechetischen Leitsätzen des Heiligen Vaters steht, interessiert ihn nicht. „Soll ich lieber zusehen, wie die Mädchen ein Kind nach dem anderen abtreiben?"

(CHRISTIAN PARTH: EIN PRIESTER PACKT'S AN. GELEBTE NÄCHSTENLIEBE. IN: STERN 52/ 2004. S. 90.)

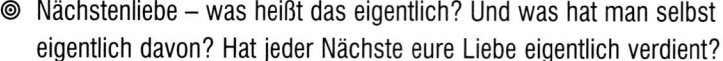

Aufgaben:

◎ Nächstenliebe – was heißt das eigentlich? Und was hat man selbst eigentlich davon? Hat jeder Nächste eure Liebe eigentlich verdient?

◎ Einmal etwas aus Nächstenliebe tun – geht das auch mit der ganzen Klasse? Setzt euch zusammen und überlegt euch ein gemeinsames Projekt, mit dem ihr Menschen in Not helft. Ihr könnt etwas organisieren, um Geld zu sammeln, selbst sammeln oder direkt sozial aktiv werden. Erstellt ein Konzept, das sich umsetzen lässt.

◎ Was meint der Pfarrer mit „An Weihnachten menschelt es mächtig"? Sind die guten Taten der Kirche von Feiertagen abhängig?

© Verlag an der Ruhr ▪ Postfach 10 22 51 ▪ 45422 Mülheim an der Ruhr ▪ www.verlagruhr.de ▪ ISBN 3-86072-923-3

HUBERT VAN EYCK: CHRISTUS AM KREUZ ZWISCHEN MARIA UND JOHANNES (UM 1430)

Jesus:
Seine Jünger

- Apostel und Jünger
- Die Jesuiten
- Albert Schweitzer
- Mutter Teresa
- Moderne Missionare
- Jesus wird instrumentalisiert

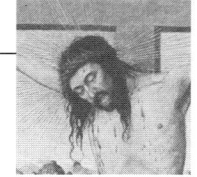

Apostel und Jünger

Apostel – die besonderen Jünger

Ein Apostel ist ein Gesandter Jesu Christi. Das Wort kommt von dem griechischen Wort „apóstolos" und bedeutet „Gesandter" oder „Sendbote". Im christlichen Verständnis bezeichnet es jemanden, der von Jesus Christus persönlich als „Überbringer" seiner Botschaft auserwählt wurde. Damit sind Apostel ganz besondere Jünger, die zum engsten Kreis um Jesus gehören. Während in den Evangelien die Zahl der Jünger mit ca. 70 angegeben ist, sind die 12 Apostel namentlich genannt. Während zu den Aposteln ausschließlich Männer gehören, enthält die Schar der Jünger auch einige Frauen.

DIE 12 APOSTEL UND JESUS ZEIGT LEONARDO DA VINCIS „DAS LETZTE ABENDMAHL". ES WURDE 1495 – 1497 ALS WANDBILD IN DER KIRCHE „SANTA MARIA DELLE GRAZIE" IN MAILAND ERSTELLT.

Die 12 Apostel

Simon Petrus, sein Bruder Andreas, Jakobus und sein Bruder Johannes, Philippus, Barholomäus, Thomas, Matthäus, Jakobus, Thaddäus (bei Lukas: Judas), Simon der Zelot und Judas Ischariot – das sind die 12 Apostel, die sowohl im Matthäus-Evangelium als auch im Markus-Evangelium auftauchen. Die Zahl 12 ist dabei von besonderer Bedeutung: Das Judentum geht von 12 Stämmen aus, die das Volk Israel begründen.

In den Evangelien nach Matthäus, Markus und Lukas werden die „Zwölf" aufgelistet und als die ersten Jünger Jesu vorgestellt. Da Judas Ischariot Selbstmord beging, nachdem er Jesus verraten hatte, wurde er (vgl. Apostelgeschichte 1,15ff.) später durch den Apostel Matthias ersetzt. In der Apostelgeschichte steht auch, welche Bedingungen ein Apostel erfüllen muss:

„Sein Amt soll ein anderer erhalten! Einer von den Männern, die die ganze Zeit mit uns zusammen waren, als Jesus, der Herr, bei uns ein und aus ging, angefangen von der Taufe durch Johannes bis zu dem Tag, an dem er von uns ging und (in den Himmel aufgenommen wurde), – einer von diesen muss nun zusammen mit uns Zeuge seiner Auferstehung sein."
(APOSTELGESCHICHTE 1,20–22)

Aufgabe:

◎ Beantwortet mit Hilfe des Neuen Testaments folgende Fragen:

1. Was war der Apostel Petrus von Beruf?
2. Wie heißt der Bruder des Petrus?
3. Wer war gemeinsam mit Jesus im Garten Gethsemane?
4. Warum passt der Name „Apostel der Heiden", den Paulus sich selbst gibt (Römer 11,13) eigentlich nicht zu ihm? Berücksichtigt dabei die oben genannten Voraussetzungen zur Apostelberufung.
5. Woran zweifelte der Apostel Thomas?

© Verlag an der Ruhr ▪ Postfach 10 22 51 ▪ 45422 Mülheim an der Ruhr ▪ www.verlagruhr.de ▪ ISBN 3-86072-923-3

Hintergründe, Fakten, Meinungen

Gesellschaft Jesu – Die Jesuiten

„Schlaue Jungs": Die Jesuiten

Der Orden verstand sich von Anfang an als katholische Gegenbewegung gegen die Reformation und als missionarische „Kampfansage" des Vatikans. Entsprechend wurde er organisiert. Einig waren sich die Jesuiten mit den Reformatoren darin, dass der Glauben nicht durch Äußerlichkeiten wie Ablassbriefe etc. zu ersetzen war. Glauben sollte das Innerste des Menschen ergreifen. Das war die Missionsaufgabe der Jesuiten. Dafür mussten sie gut ausgebildet sein: Noch heute ist ein abgeschlossenes Theologiestudium und das Studium eines weiteren Faches Voraussetzung für die Aufnahme in den Orden. Der offizielle Ordensname lautet „Societas Jesu" („Gesellschaft Jesu"), daher tragen alle Mitglieder das Kürzel SJ hinter ihrem Nachnamen, was oft scherzhaft mit „Schlaue Jungs" übersetzt wird.
Oberstes jesuitisches Prinzip ist der Gehorsam – sowohl dem Papst als auch dem Generaloberen der Jesuiten in Rom gegenüber.
Dieser bedingungslose Gehorsam in Glaubensfragen, ihr missionarisches Engagement, die gute Ausbildung und das System der Koadjutoren (vereidigte Helfer außerhalb des Ordens, die als merkwürdige „Helfershelfer" galten) haben den Jesuiten durch die Geschichte viel Macht, aber auch zahlreiche Feinde eingebracht.

Vorurteile oder Fakten? – Jesuiten sind …

… hinterlistig, falsch und durchtrieben: Noch heutzutage existiert das Gerücht, dass die Jesuiten als oberstes Ordensgesetz den Satz „Der Zweck heiligt die Mittel" festgeschrieben haben. Damit wäre ihnen auch eine Lüge erlaubt, wenn sie einem guten Zweck dient.

… elitär in ihrem Bildungsauftrag: Lange Zeit haben die Jesuiten an ihren Schulen vor allem Adelige und Herrscher erzogen. Daher wirft man ihnen vor, immer nur gesellschaftliche und politische Elitegruppen auszubilden.

… intolerant: Mit aller Kraft versuchten die Jesuiten, die Reformation zu verhindern. Bis heute gelten sie als Bekämpfer der aktuellen ökumenischen Bewegung.

… einem blinden Gehorsam verpflichtet: Man wirft den Jesuiten, die bei Eintritt in den Orden ein sehr strenges Gehorsamsgelübde ablegen, vor, unkritisch und blind dem Papst und dem Generaloberen der Jesuiten zu folgen.

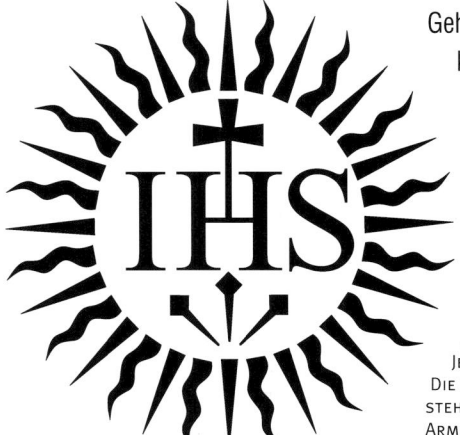

DAS WAPPEN DER JESUITEN MIT DER MITTELALTERLICHEN KURZFORM DES NAMENS JESU (WAS FÄLSCHLICHERWEISE OFT ALS „IESUM HABEMUS SOCIUM – WIR HABEN JESUS ALS GEFÄHRTEN" GEDEUTET WURDE). DIE DREI NÄGEL UNTER DEN BUCHSTABEN STEHEN FÜR DIE DREI GELÜBDE DER JESUITEN: ARMUT, EHELOSIGKEIT UND GEHORSAM.

Ordensgeschichte

1539 Ignatius von Loyola gründet mit sechs Mitstudenten in Paris einen Orden auf den Namen „Gesellschaft Jesu".
1540 Der Papst bestätigt die Ordensgründung.
1556 Ignatius, der den Orden bis zu seinem Tod von Rom aus leitet, stirbt.
1767 Die Jesuiten werden von den Spaniern aus Paraguay vertrieben, weil sie mit ihrem Engagement für die amerikanischen Ureinwohner den Interessen der Kolonialherren in die Quere kommen.
1773 Der Orden wird von Papst Klemens XIV. verboten.
1814 Papst Pius VII. lässt den Jesuitenorden wieder zu.
1872 Durch Bismarck werden die Jesuiten als Reichsfeinde aus dem Land gewiesen.
1917 Die Jesuitengesetze werden in Deutschland endgültig aufgehoben.

Aufgabe:

◎ Überprüft die Vorwürfe, die man den Jesuiten noch heute macht. Stimmen eurer Meinung nach einige Behauptungen oder sind es bloß Vorurteile, die man widerlegen kann. Recherchiert dafür im Internet unter:

- **www.jesuiten.de**
- **de.wikipedia.org/wiki/Jesuiten**
- **www.payer.de/religionskritik/ SED02.htm**
- **www.jesuiten-fluechtlingsdienst.de**

© Verlag an der Ruhr ■ Postfach 10 22 51 ■ 45422 Mülheim an der Ruhr ■ www.verlagruhr.de ■ ISBN 3-86072-923-3

Albert Schweitzer

Albert Schweitzer (1875–1965)

Albert Schweitzer war nicht nur ein berühmter Mediziner, Philosoph und Friedensnobelpreisträger, sondern auch ein bekannter Theologe. Religion und ganz besonders seine Beziehung zu Jesus spielten eine sehr große Rolle in seinem Leben. Nachdem Albert Schweitzer sich entschieden hatte, als Missionar in den Kongo (Staat in Mittelafrika; früher Zaire) zu gehen, schrieb er im Juli 1905 an eine Freundin:

„Ich bin froh. Es ist getan. Aber mir ist bange. [...] Ich gehe dort hin, um bei Jesus zu sein; er verfahre mit mir, wie er will. Ich werde ihn finden, das weiß ich. Und beten können: Dein Reich komme! Ich will verstehen, was das Wort bedeutet, das er gesagt hat: Wer sein Leben verliert um meinetwillen und des Evangeliums willen, der wird es behalten. Wenn er mich nur als würdig erkennt, ihm zu dienen. – Und jetzt, in diesem Augenblick, hat niemand auf der Welt außer Dir ein Recht auf meine Gedanken."

Kritik an der Jesus-Forschung

Schweitzer schrieb am Ende des 19. Jahrhunderts ein Buch über die „Geschichte der Leben-Jesu-Forschung". In diesem Buch setzte er sich mit den Jesus-Biographien auseinander, die bisher schon erschienen waren. Schweitzer kam zu der wichtigen Erkenntnis: Alle Forscher, Biographen und Theologen legen auch ihre eigenen Vorstellungen von Jesus in ihre Bücher. Es gibt also nicht den einen, historisch nachgewiesenen Jesus, sondern verschiedene Jesus-Identitäten, die abhängig sind von der Meinung der jeweiligen Autoren. Einigen Theologen machte Schweitzer auch den Vorwurf, dass in ihren Büchern nicht der wirkliche, sondern der „erwünschte" Jesus beschrieben werde.

„All die verschiedenen Leben Jesu, so ernsthaft und sorgfältig sie auch von Forschern rekonstruiert wurden, sind nicht das Ergebnis historischer Forschung, sondern verdanken sich vielmehr dem Wunschtraum des jeweiligen Forschers, rückprojiziert in die Vergangenheit. [...] Schweitzer zufolge geben uns die Evangelien zu wenige Daten an die Hand, um daraus überhaupt ein Leben Jesu ermitteln zu können. Sie provozieren die Forscher zur Grenzüberschreitung, anders gesagt, im Mangel an Informationen liegt die Wurzel der historischen Problematik."

(AUS: H. M. KUITERT: KEIN ZWEITER GOTT. JESUS UND DAS ENDE DES KIRCHLICHEN DOGMAS. PATMOS 2004. S. 53.)

Aufgaben:

◎ Was meint Schweitzer wohl mit seiner Vermutung, dass in den verschiedenen Jesus-Darstellungen nicht der wirkliche, sondern der erwünschte Jesus beschrieben wird?

◎ Warum hindert ihn seine eigene Kritik an der subjektiven Jesus-Interpretation nicht daran, sich persönlich ganz in die Nachfolge von Jesus Christus zu stellen?

© Verlag an der Ruhr ■ Postfach 10 22 51 ■ 45422 Mülheim an der Ruhr ■ www.verlagruhr.de ■ ISBN 3-86072-923-3

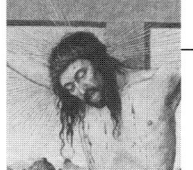

Mutter Teresa

Mutter Teresa

Mutter Teresa wurde am 27. August 1910 als **Agnes Gonxha Bojaxhio** in Skopje geboren, der heutigen mazedonischen Hauptstadt. Schon durch ihre streng religiöse Erziehung beschäftigte sie sich intensiv mit dem katholischen Glauben. Mit 18 Jahren bat sie um Aufnahme in den Orden der Loreto-Schwestern, die sich vor allem als Lehrerinnen um bengalische Kinder in Indien kümmerten. In **Kalkutta** legte sie ihr erstes Gelübde ab und war dann 17 Jahre lang an einer Schule in Kalkutta tätig. Dort wurde sie täglich mit der großen Armut der Bevölkerung konfrontiert, so dass sie 1946 schließlich eine „göttliche Berufung" verspürte, diesen Armen zu helfen. Zwei Jahre später verließ sie den Orden und lebte mit den Armen in den Slums von Kalkutta. 1950 gründete sie den vom Papst anerkannten Orden **„Missionarinnen der Nächstenliebe"**. Der Orden kümmerte sich besonders um Sterbende, Waisen und Kranke. Vor allem aber widmete sich Mutter Teresa den Leprakranken. Heutzutage besteht der Orden aus mehr als 3 000 Ordensschwestern und 500 Ordensbrüdern in über 100 Ländern. 1979 erhielt Mutter Teresa für ihr Engagement den **Friedensnobelpreis**. Sie starb am 05.09.1997.

© Verlag an der Ruhr ■ Postfach 10 22 51 ■ 45422 Mülheim an der Ruhr ■ www.verlagruhr.de ■ ISBN 3-86072-923-3

„Mutter-Teresa-Vortrag"
Zur Seligsprechung Mutter Teresas von Kalkutta

Mutter Teresa, die kleine, zierliche Ordensschwester, wird heute feierlich zu den Altären erhoben. [...] Sie strahlte Demut und Liebe aus, nahm sich den Ärmsten der Armen an und kämpfte unermüdlich für das Leben. Jeden Menschen sah sie als den kostbarsten Menschen der Welt an. Sie schenkte Liebe in der höchsten Form, immer JESUS CHRISTUS vor Augen. Ihm schenkte sie alles, was sie in ihrem Leben erfuhr und gab sich ihm ganz hin. Diese kleine, unscheinbare Frau lebte ihr Leben im Namen Jesu und folgte ihm in der Liebe nach wie keine andere und ohne Kompromisse. [...] Beeindruckt hat mich auch immer ihre ganz eigene Geste, jede persönliche Anerkennung JESUS zurückzuschenken. Erhielt sie Blumen, so war sie unruhig, bis sie diese vor einem Kreuz oder in einer Kirche niederlegen konnte. Lobte man sie, wies sie dies sofort zurück oder erwiderte meistens: „Ich bin nur ein Werkzeug in SEINER Hand." Und bei einem neuen Vorhaben: „Laßt uns etwas Wunderbares für Gott tun."

(VORTRAG VON CLARA WIEDEKING)
www.proinfante.de/wiedeking/ vortrag_teresa.htm

Aufgabe:

◎ Informiert euch im Internet über die Arbeit von Mutter Teresa und den „Missionarinnen der Nächstenliebe". Inwiefern führt Mutter Teresa ein Leben „im Namen Jesu"?

Moderne Missionare

Evangelisation

Der Begriff bedeutet die Verbreitung und Vermittlung des Evangeliums unter Nichtchristen. So genannte **Evangelisten** müssen sich immer als vorbildliche Christen zeigen und bereits in ihrem engsten Umfeld mit der Missionierung beginnen. Meist handelt es sich bei ihnen um angestellte Prediger, die von Kirchen oder kirchlichen Gemeinschaften beschäftigt werden. Diese Prediger treten auf **Evangelisationsveranstaltungen** auf, um alle Zuhörer vom christlichen Glauben zu überzeugen. Häufig handelt es sich bei den Veranstaltungsorten um große Hallen oder Stadien. Der evangelistische Verein „**Pro Christ**" wird im Weltmeisterschaftsjahr 2006 beispielsweise acht Veranstaltungsabende in der Münchener Olympiahalle organisieren. Die Organisation „**JesusHouse**" richtet sich bewusst an Jugendliche und baut die Missionstätigkeit in moderne Veranstaltungen (Konzerte, Disko, Diskussionsrunden) ein.

Aufgabe:

◎ Schaut euch unter **www.prochrist.de** und **www.jesushouse.de** die unterschiedlichen Programme und Aktionen der beiden Gruppen an. Welche Schwerpunkte setzen beide im Rahmen ihrer Evangelisation und wo unterscheiden sie sich voneinander?

Aufgaben:

◎ Lest den Artikel und erklärt, wie der Name „Maschinengewehr Gottes" zustande kommt.

◎ Was ist mit der „Verbindung von Kreuzzugsdenken und Frömmigkeit" gemeint?

Evangelisten heutzutage

Das „Maschinengewehr Gottes"
Vor 50 Jahren: Billy Graham predigt in Deutschland

Zuerst singt ein riesiger Chor rhythmische Gospels. Dann folgt der Posaunenchor. Und dann erst der Redner: 1,88 groß, in maßgeschneidertem Zweireiher, ein amerikanischer Gentleman mit eindeutiger, fordernder Botschaft: „We want you to follow Jesus Christ!" (Wir wollen, dass Ihr Jesus Christus folgt!"), ruft Billy Graham. Am Ende der Kundgebung sollen alle aufstehen, die bisher ungläubig waren, sich aber nun bekehren wollen. Stets sind es Hunderte. Und wenn keiner den Anfang machen will, helfen die in der Menge verteilten Mitarbeiter

nach und spielen die Neubekehrten. Bis 1949 ist Billy Graham ein unbekannter Baptisten-Pastor aus North Carolina. Dann beginnt er seine Kreuzzüge für das Christentum und „gegen Liberalismus, Kommunismus und Unmoral".
1954 missioniert er erstmals in Deutschland: 25 000 Menschen versammelt er am 24. Juni im Düsseldorfer Eislaufstadion. Zwei Tage später sind es im Berliner Olympiastadion 80 000. Beobachter sprechen von Massenpsychologie, Orientierungsbedürfnis und – Amerikabegeisterung. Graham führt seine Mission als Firma: Die „Billy Graham Evangelistic Association Inc." macht schon 1954 einen Millionenumsatz. Später wird Graham Teilhaber eines konservativen Medienunternehmens. 1985 gelingt

ihm seine prominenteste Bekehrung: Auf dem Landsitz der Familie Bush wendet sich der junge George W. Bush jun. unter Grahams Einfluss vom Alkohol ab und der Religion zu. „An jenem Wochenende pflanzte Pastor Billy Graham ein Senfkorn in meine Seele. Das war der Beginn eines neuen Weges", sagt der heutige Präsident. Die Verbindung von Kreuzzugsdenken und Frömmigkeit, die man Bush nachsagt, ist typisch für Graham: Im Koreakrieg besucht er die Frontsoldaten, in den 80er Jahren unterstützt er die Rüstungspolitik Ronald Reagens. 1954 bei seinem Deutschlandbesuch eilt ihm sein Spitzname voraus: „Das Maschinengewehr Gottes".

www.wdr.de/themen/kultur/stichtag/ 2004/06/24.jhtml (STAND: 24.06.04)

© Verlag an der Ruhr ▪ Postfach 10 22 51 ▪ 45422 Mülheim an der Ruhr ▪ www.verlagruhr.de ▪ ISBN 3-86072-923-3

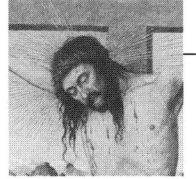

Ein Freizeitpark für Jesus

Es gibt verschiedene Möglichkeiten, die Aufmerksamkeit auch heutzutage auf Jesus und seine Botschaft zu richten, wie auch immer sie verstanden wird. Eine sehr spezielle erlebt man in Florida, wo man Jesus gleich einen ganzen Vergnügungspark gewidmet hat.

Aufgaben:

◎ Jesus als Freizeitpark-Attraktion. Ist das Missionsarbeit oder einfach nur Geschäftemacherei?

◎ Mal ehrlich: Welche Freizeitpark-Attraktionen dürfen in einem solchen Park nicht fehlen? Denkt über mögliche Fahrgeschäfte nach und lasst euch die passenden Namen einfallen.

▪▪▪▪▪▪ GOTTES EIGENER PARK ▪▪▪▪▪▪

**Das Holy Land Experience holt Jerusalem nach Florida –
als Freizeitparadies für christliche Fundamentalisten**

So also sieht ein Vergnügungspark für Menschen aus, die die Evolution für ein Hirngespinst und Abtreibung für eine Todsünde halten. Gar nicht so viel anders als jeder andere Freizeitpark. Das Gras ist grün geschniegelt, die Via Dolorosa makellos gefegt, das Fast-Food-Restaurant Oasis Palms Café serviert Allerweltssnacks mit stolzen Preisen und albernen Namen (Goliath-Burger und Jaffa-Hotdogs). Auch die Replikate berühmter Bauwerke fehlen nicht. Jesu Grabstätte etwa ist komplett nachgestellt, samt flackernden Öllämpchen und verknülltem Leichentuch, designed von der gleichen Firma, die auch den SeaWorld-Abenteuerpark entwarf. […] Die Hochglanzbroschüre aus dem Hotelzimmer beschreibt das Holy Land Experience als ‚Bibelabenteuerpark', doch das darf man nur zum Teil wörtlich nehmen. Es gibt viel Bibel und wenig Abenteuer. Keine Achterbahnen oder Karussells oder anderen leicht-fertigen Nervenkitzel. Und so etwas wie Spezialeffekte findet man allenfalls im Wüstentempel Wilderness Tabernacle, wo ein Schauspieler im künstlichen Mondlicht alttestamentarische Riten zelebriert. Dann erscheint Gott in Form eines krachenden Lichtblitzes samt Kunstnebel, der mit 60 Stundenkilometern aus der Tiefe des Altars emporgeschleudert wird.

(UTE EBERLE: GOTTES EIGENER PARK. IN „DIE ZEIT" NR. 53/22. DEZEMBER 2004, S. 63.)

Dann sprach Jesus: „Ich habe meine Aufgabe gefunden. Gott will mich hier." Denn Gott wollte Les Cheveldayoff nicht länger als Pilot von Frachtflugzeugen sehen. […] Les ist nun 38 und spielt den Gottessohn im „Holy Land Experience", einer Art biblischem Disneyland in Orlando, Florida, mit nachgebautem Tempel und Markt, Via Dolorosa und Souvenirshops, Golgatha und Fressbuden. Es ist ein brüllend heißer Samstag, und Samstage sind für Les/Jesus besonders anstrengend, weil er gleich zweimal gekreuzigt wird. Mittags um zwölf und nachmittags um 15.45 Uhr für jeweils 20 Minuten. […] Er lässt sich blutrote Peitschenstriemen auf den Körper malen, wirft noch ein wenig Staub über Brust und Rücken, schultert einen massiven Holzbalken und macht sich auf den Leidensweg: am Brunnen rechts, die Via Dolorosa runter, vorbei an Simeons Eisstand und geradewegs nach Golgatha. Tausend Besucher erwarten eine ordentliche Kreuzigung und Auferstehung für die 29,99 Dollar Eintritt, Kinder ermäßigt. Jesus wird ans Kreuz gebunden, stirbt Punkt 15.40 Uhr und steht um 15.45 Uhr wieder auf. Begeisterung im Publikum.

Eine Million Menschen kamen schon in das Plastik-Jerusalem und der Erfolg ist so überwältigend, dass der Gründer Marvin Rosenthal an Expansion denkt und Grundstücke sucht auf der anderen Seite des Highways, Disney World zur Linken, die Universal Studios zur Rechten; und mittendrin das Heilige Land, und mitten im Heiligen Land „Noah's Ark", das nächste Millionenprojekt. Gott persönlich will das, sagt Rosenthal. […]

www.stern.de/politik/ausland/?id=529185 (STERN.DE 6.09.2004)

© Verlag an der Ruhr ▪ Postfach 10 22 51 ▪ 45422 Mülheim an der Ruhr ▪ www.verlagruhr.de ▪ ISBN 3-86072-923-3

Jesus – für alle Zwecke

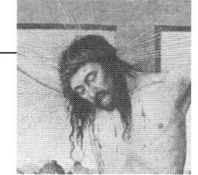

Mit Jesus zum Vegetarier werden?

Der Internet-Link „**www.jesusveg.de**" führt zu einer Gruppe von Christen, die mit Jesus für ein Leben als Vegetarier werben. Ob Jesus tatsächlich Vegetarier war, lässt sich zwar nicht wirklich beweisen, aber glauben kann man es – so jedenfalls lautet die Meinung dieser Vereinigung – auf jeden Fall.

Vor allem die biblische Schöpfungsgeschichte (Genesis) beweist nach Meinung dieser vegetarisch lebenden Christen, dass Gott und später auch sein Sohn Jesus den Menschen ursprünglich als nur pflanzenessendes Wesen planten: „*Dann sprach Gott: Hiermit übergebe ich euch alle Pflanzen auf der ganzen Erde, die Samen tragen, und alle Bäume mit samenhaltigen Früchten. Euch sollen sie zur Nahrung dienen. Allen Tieren des Feldes, allen Vögeln des Himmels und allem, was sich auf der Erde regt, was Lebensatem in sich hat, gebe ich alle grünen Pflanzen zur Nahrung. So geschah es.*"
(GEN 1,29–30)

Jesus auf dem Fußballplatz

In schwierigen Situationen haben wohl schon die meisten von uns ein Stoßgebet gen Himmel geschickt und Gott, Allah, Jesus etc. um Beistand gebeten. Dabei nimmt man den jeweiligen Gott gerne auch für persönliche Wünsche in Anspruch.

Eine solche Art von Frömmigkeit fällt in letzter Zeit immer häufiger bei Fußballspielen auf. Man sieht Spieler, die sich vor dem Spiel bekreuzigen und um göttliche Hilfe bitten.

> „*Tiere sind Kreaturen Gottes und kein Eigentum des Menschen, keine Gebrauchsgegenstände, keine Waren, sondern wertvolle Wesen in Gottes Angesicht. Christen, die die Schrecklichkeit der Kreuzigung erkennen, sind ganz besonders in der Lage, auch die Schrecklichkeit unschuldigen Leidens zu erkennen. Das Kreuz Gottes ist die absolute Identifizierung mit den Schwachen, Hilflosen und Verwundbaren, aber vor allem mit den Schutzlosen, Wehrlosen und unschuldig Leidenden.*"
>
> (PFARRER ANDREW LINZEY AUF)
> **www.jesusveg.de**

Viele Tore – das wichtigste dank Gott

27 Treffer fielen am 25. Spieltag in der Bundesliga. Den wohl wichtigsten schoss Schalkes Brasilianer Lincoln zum Sieg gegen Bayern München.

Das Spitzenspiel in der Fußball-Bundesliga zwischen dem Tabellenzweiten FC Schalke 04 und dem Tabellenführer FC Bayern München war zwar ziemlich spannend, jedoch nichts für Fußball-Ästheten oder -Atheisten. „Wir haben 70 Minuten sehr gut gespielt und das kam von Gott, dass wir ein Tor erzielt haben", wusste Schalkes brasilianischer Abwehrspieler Marcelo Bordon nach der Begegnung gegen den FC Bayern München. Demnach muss eine göttliche Macht im Spiel gewesen sein, als sich Bordons Landsmann Lincoln den Ball in der 69. Minute zum Freistoß zurechtlegte – unweit der Münchner Strafraumgrenze, halb linke Position. Kurzer Anlauf, gezirkelter Schuss und der machtlose Oliver Kahn im Tor der Münchner betete weder ausreichend laut für längere Arme, noch sprang er hoch genug, um den Ball aus dem Torwinkel zu angeln.

(GUNNAR VOGT IN DIE ZEIT 11/2005 AM 14.03.2005)

Aufgaben:

Stellt euch vor, Portugal spielt gegen Deutschland im WM-Finale 2006. Beim Elfmeterschießen sieht man, wie Spieler aus beiden Teams sich bekreuzigen, bevor sie auf den Ball losrennen.

◎ Wenn Sportler Gott um seine Hilfe bitten – muss der dann nicht automatisch Partei ergreifen? Wird Jesus beim Sport etwa zu einem nationalen Gott?

◎ Was wünschen sich die Spieler in solchen Momenten? Findet ihr, dass Jesus hier für falsche Zwecke instrumentalisiert wird?

© Verlag an der Ruhr ▪ Postfach 10 22 51 ▪ 45422 Mülheim an der Ruhr ▪ www.verlagruhr.de ▪ ISBN 3-86072-923-3

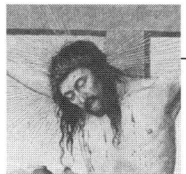

Mit Jesus in die Wirtschaft?

Weltweit werden immer häufiger so genannte „**Reich-Gottes-Unternehmen**" (auch: „**Kingdom-Companies**") gegründet. Dahinter verbergen sich Unternehmen, die ihren Mitarbeitern und Kunden Jesus und sein Evangelium näher bringen und dadurch gleichzeitig die Arbeitsmoral und allgemeine Motivation steigern wollen. Neue Mitarbeiter erhalten in diesen Firmen parallel zum Arbeitsvertrag meist direkt auch eine Bibel. Statt sofort an den Schreibtisch, ins Büro oder an die Maschinen zu gehen, versammeln sich alle Mitarbeiter morgens zu einer Andacht, in der gemeinsam gebetet und über die Bibel geredet wird. Statistiken zeigen, dass bei einigen Unternehmen dadurch die Produktionsrate um 45 Prozent erhöht wurde. Der Gewinn dieser Firmen wird zu einem kleinen Teil einem guten Zweck zur Verfügung gestellt. Jörg Knoblauch und Jürgen Opprecht zeigen in ihrem Buch „Jesus auf der Chefetage" 24 solcher Firmen, die einer sehr besonderen Unternehmenspolitik folgen.

Jesus soll der Boss werden
von Wolfgang Thielmann

Firmen mit der Bibel als Betriebshandbuch: Eine neue Bewegung aus den USA breitet sich über die Welt aus. Beispiele gibt es auch hierzulande.

In den USA hat Traysers Idee einen Namen: „Kingdom Companies". Sie will Unternehmen wie Kirchengemeinden gestalten, mit christlichen Grundsätzen und einer Mission. Die Beteiligten sammeln sich bei Dachorganisationen wie der „Fellowship of Companies for Christ International" (www.fcci.org). Weltweit umfasst die Bewegung über 1 000 Betriebe, die man mitunter daran erkennt, dass sie auf der Führungsebene einen „Director of Values", also einen Wertemanager, beschäftigen. In Europa haben sich ihr die christlichen Unternehmer-organisationen geöffnet, darunter die aus dem CVJM kommende Gruppe „Christen in der Wirtschaft". Zu Pfingsten versammelten sich in Basel 700 Unternehmer aus ganz Europa zum Jahrestreffen der „Internationalen Vereinigung Christlicher Geschäftsleute" (IVCG), einer von Kirchen unabhängigen Bewegung, und tauschten sich über biblische Werte im Alltag der Wirtschaft aus. Ein Führungskräftekongress der Nachrichtenagentur „idea" und des schwäbischen Zeitplan-Herstellers „Tempus" unter dem Motto „mit Werten in Führung gehen" brachte es im Januar in Hannover auf 2 600 Teilnehmer, die wissen wollten, wie man – so Traysers Motto – „als Christ ungespalten leben" kann.

(RHEINISCHER MERKUR NR. 24, 12.06.2003) **www.merkur.bonnet.de/ aktuell/cw/gg_032402.html**

Aufgaben:

◎ Recherchiert, über welche besonderen Merkmale eine „Kingdom-Company" verfügen muss. Erstellt dann einen Merkmalskatalog und unterteilt ihn in drei Bereiche. Welche Eigenschaften dieser Firmen gefallen euch, welche erscheinen euch übertrieben und welche findet ihr ziemlich überflüssig?

Linktipp:
www.ciw.de/cms/chef/front_content.php?idcat=106

◎ Die so genannten „Kingdom-Companies" wollen Jesu Worten folgen und in seinem Namen handeln. Kann das einem Wirtschaftsunternehmen gelingen? Überlegt selbst: Wenn der biblische Jesus, an den heutige Christen glauben, selbst ein Unternehmen leiten würde – wie sähe das dann wohl aus? Welche Wirtschaftsform würde in einem solchen Unternehmen wohl praktiziert?

© Verlag an der Ruhr ▪ Postfach 10 22 51 ▪ 45422 Mülheim an der Ruhr ▪ www.verlagruhr.de ▪ ISBN 3-86072-923-3

Die Stigmata Jesu

Stigmata

In der Medizin bezeichnet ein Stigma ein bleibendes Krankheitszeichen, ein Wundmal, das nicht mehr heilt. Der Begriff „Stigmata" wird für die fünf Wundmale verwendet, die Jesus nach seiner Kreuzigung am Körper trägt: blutige Narben in beiden Händen und Füßen und der Lanzenschnitt an der Seite. Viele Bilder, Skizzen und Skulpturen von Jesus zeigen ihn mit den typischen Stigmata. Im christlichen Denken sind sie auch Symbol für die Schuld und Sünden der Menschen, die Jesus mit seinem Tod auf sich genommen hat.

Pater Pius (1887–1968)

Der bekannteste Stigmata-Träger ist der italienische Kapuzinermönche Pater Pius. Im Alter von 15 Jahren hatte er die ersten Visionen und mit 21 bildeten sich die ersten Stigmata. Zunächst waren die Schmerzen nur physisch spürbar, schließlich aber wurden alle fünf Wundmale an seinem Körper sichtbar. Zweimal versuchte der Vatikan, ihn wegen Glaubensbetrug anzuklagen und verbat ihm öffentliche Auftritte und Gottesdienste. Erst 1933 wurden diese Verbote aufgehoben. Durchgehend strömten Scharen von Gläubigen zu ihm in der Hoffnung, Pater Pius könne ihnen ihre Schmerzen nehmen. Der Überlieferung nach vollbrachte er dabei mehrere Wunderheilungen. Von Papst Johannes Paul II. 2002 heilig gesprochen, ist Pater Pius außerdem einer der berühmtesten Heiligen Italiens.

„Wenn ich nicht die Male der Nägel an seinen Händen sehe und wenn ich meinen Finger nicht in die Male der Nägel und meine Hand nicht in seine Seite lege, glaube ich nicht."
(JOH 20,25)

Die Wunden Jesu

Psychogen, manchmal auch künstlich

Manchmal war es eklatanter Schwindel. Oft war es Zeugnis wahrer, inniger Identifikation mit dem Leiden des gekreuzigten Jesus. Auf etwa 350 wird die Zahl der Männer und Frauen geschätzt, die seit dem 13. Jahrhundert an ihrem Körper seine Wundmale trugen. Aktuell soll es weltweit etwa 25 Stigmatisierte geben. […]

Die meisten Ärzte sprechen heute bei Stigmata von psychogenen, also vom seelischen Untergrund hervorgerufenen Zuständen. […] Weder unter Hypnose noch durch Autosuggestion sei es bisher gelungen, die mitunter tief greifenden Veränderungen des Gewebes und die starken Blutungen von stigmatischen ‚Wunderwunden' hervorzurufen, die – wie bei Pater Pius – nicht eitern und oft jeder Behandlung trotzen.

‚Übernatürlich' scheinen Stigmata jedenfalls nicht zu sein. Das zeigt schon, dass bei ihnen die Vorstellungen der Betroffenen eine große Rolle spielen. Die Nagelwunden stimmen nämlich nicht mit der historischen Wirklichkeit überein, haben also zu den Wundmalen des Gekreuzigten allenfalls eine symbolische Beziehung. Es ist erwiesen, dass die Römer bei diesen Hinrichtungen die Nägel nicht durch die Handflächen trieben, sondern oberhalb, damit das Körpergewicht gehalten wird.

www.3sat.de/3sat.php?
www.3sat.de/nano/news/45654
(17.04.2003)

GIOTTO DIE BONDONE
DER HL. FRANZISKUS EMPFÄNGT DIE WUNDMALE
(UM 1300)

Aufgabe:

◎ Teilt euch in kleinere Gruppen auf. Recherchiert nun gemeinsam im Internet zum Thema „Stigmata" (Suchwortmöglichkeiten: Stigmatisation, Wundmale, Stigmata). Stellt unterschiedliche Fallbeispiele vor und überlegt, ob es auch eine natürliche Erklärung dafür geben könnte. Wie steht die Kirche zu den bekannten Stigmata-Fällen?

© Verlag an der Ruhr ∎ Postfach 10 22 51 ∎ 45422 Mülheim an der Ruhr ∎ www.verlagruhr.de ∎ ISBN 3-86072-923-3

Kapitel 5

EL GRECO: CHRISTUS WIRD SEINER KLEIDER BERAUBT (UM 1580)

Jesus heute

Jesus – Unser Bild von ihm

▌ Die ersten beiden Jahrhunderte des Christentums mussten **ohne Abbildungen** von Jesus auskommen. Man musste sich an das biblische Gebot halten: **„Du sollst dir kein Götterbild machen …"**. Am Ende des 2. Jahrhunderts löst man sich langsam von dieser strengen Regel. Z.B. finden sich in den unterirdischen Katakomben **erste christliche Zeichnungen**. Aber erst nach der „konstantinischen Wende", also erst als das Christentum politisch und gesellschaftlich anerkannt ist, entstehen richtige Bilder von Jesus Christus. Bemerkenswert ist, dass das Jesusbild dieser frühen Zeichnungen stark an das Kaiserbild erinnert. Besonders das Mittelalter war eine regelrechte Blütezeit für Jesus-Abbildungen.

Das „wahre Gesicht" Jesu?

Die ersten bis heute anerkannten Beweise für die Existenz des so genannten **„Turiner Grabtuchs"** reichen bis zur Mitte des 14. Jahrhunderts. Seit dem 14. September 1578 befindet es sich in Turin. Noch heute streiten Wissenschaftler, Gläubige und Ungläubige um die Frage, ob das Turiner Grabtuch möglicherweise das „echte" Grabtuch Jesu sein könnte. Die späteren Bilder und Darstellungen von Jesu sind nicht zuletzt von der Vorlage, die das Tuch liefert, beeinflusst.

> *„Unerschütterlich verehren sie [die Christen] das Tuch, das 1578 nach Turin kam und heute in der dortigen Kathedrale und unter Edelgas aufbewahrt wird. Als es zuletzt im Jahr 2000 zur Besichtigung freigegeben war, pilgerten mehr als drei Millionen Menschen in die norditalienische Stadt, um jene Blutflecken zu betrachten, die ein Abbild des gekreuzigten Jesus sein sollen. Für die meisten wird sich die Reise gelohnt haben. Erstaunlich detailliert haben sie einen 1,81 Meter großen Mann mit Bart und langem Haar gesehen, der offenbar nach grauenhafter Folter gestorben ist: Brutal ausgepeitscht und gekreuzigt, wurde er auf das Laken gelegt. Blut ist ihm aus Stirn und Hinterkopf gequollen – als habe er eine Dornenkrone getragen. An Händen und Füßen deuten Male auf Verletzungen durch Nägel hin. Sogar Druckspuren auf der rechten Schulter sind zu erkennen, dort wo er das Kreuz getragen hat."*
>
> (AUS: CHRISTINA BERNDT: CHEMIKER AUF TUCHFÜHLUNG. SZ NR. 25, 01.02.05. S. 11.)

Mehr Informationen erhaltet ihr unter **www.grabtuchvonturin.de**
Hier könnt ihr euch das Tuch auch anschauen.

Projektvorschläge:

1. Vom 01.07.2005 – 02.10.2005 findet im Kölner Wallraf-Richartz-Museum – Foundation Corboud in Zusammenarbeit mit dem Vatikan – die Ausstellung **„Ansichten Christi"** mit Hauptwerken aus bedeutenden privaten, kirchlichen und internationalen Museumssammlungen statt. Die Ausstellung zeigt, wie die Geschichte der Christusdarstellung von der Antike bis zur Gegenwart aussieht. Mit dabei sind Werke aus den Bereichen Malerei, Skulptur und Grafik. Unter **www.museenkoeln.de/wallraf-richartz-museum/** findet ihr einen Link zur Ausstellung und erfahrt mehr

über die ausgestellten Künstler und Werke. Wenn es zeitlich möglich ist, solltet ihr mit der ganzen Klasse die Ausstellung besuchen. Ansonsten bestellt euch gemeinsam den Katalog zur Ausstellung: *„Ansichten Christi. Dumont Literatur und Kunst Verlag 2005. ISBN 3832175652"*. Teilt euch dann in Kleingruppen auf und beobachtet anhand der verschiedenen Bilder, Skulpturen und Grafiken unterschiedliche Aspekte in der Jesus-Darstellung. Vergleicht die Darstellungen miteinander und präsentiert dann der Klasse eure Beobachtungen. Mögliche Einzelaspekte sind: Gesicht; Haltung; Umgebung; Begleiter; Gegenstände, die er hält; Kleidung.

2. Seht euch zu Hause, bei Verwandten, auf Flohmärkten, in Büchern oder im Internet um und sammelt möglichst viele verschiedene Jesus-Darstellungen – in welcher Form auch immer. Veranstaltet dann mit der Klasse **eine eigene Jesus-Ausstellung**. Bewertet die unterschiedlichen Produkte:

• Welche sind weniger ernst oder sogar ironisch gemeint?
• Von welchen Künstlern hättet ihr keine Jesus-Bilder erwartet?
• Gibt es einen Unterschied zwischen sakralen und weltlichen Jesus-Bildern?
• Wo findet ihr eure eigene Vorstellung von Jesus am ehesten wieder?

© Verlag an der Ruhr ▪ Postfach 10 22 51 ▪ 45422 Mülheim an der Ruhr ▪ www.verlagruhr.de ▪ ISBN 3-86072-923-3

Jesus und Frieden

▌Jesus von Nazareth war den Texten der Bibel zufolge pazifistisch veranlagt und trat entschieden für einen friedlichen Umgang miteinander und gegen Gewalt und Unterdrückung ein. Auch bekehrte Jesus seine Anhänger nicht gewaltsam, sondern versuchte, durch Reden und Handeln seine Botschaft zu verkünden.

> *„Euch, die ihr mir zuhört, sage ich: Liebt eure Feinde; tut denen Gutes, die euch hassen. Segnet die, die euch verfluchen; betet für die, die euch misshandeln. Dem, der dich auf die eine Wange schlägt, halt auch die andere hin, und dem, der dir den Mantel wegnimmt, lass auch das Hemd. Gib jedem, der dich bittet; und wenn dir jemand etwas wegnimmt, verlang es nicht zurück. Was ihr von anderen erwartet, das tut ebenso auch ihnen."*
> (Lk 6,27–31)

Nach Jesu Tod hat sich das aus seinen Jüngern entstandene Christentum nicht immer für den Frieden eingesetzt. Am Anfang sah es ganz so aus, als ob die Christen gar nicht anders könnten, als friedlich zu bleiben. Zunächst war es ihnen nämlich per Gesetz verboten, im Krieg mitzuwirken. Zwischen 150 und 300 durften Christen nicht Soldat werden und zu militärischen Zwecken eingesetzt werden. Das änderte sich allerdings, als sich das Christentum als herrschende Religion immer mehr durchsetzte. Und sobald es Staatskirche geworden war, begann man, die christliche Ausbreitung notfalls auch mit Gewalt durchzusetzen. Die Kreuzzüge, Ketzerprozesse und Religionskriege zeigen die gewaltsamen und teilweise sehr brutalen Merkmale der Kirchengeschichte.

Filippino Lippi:
Hl. Thomas von Aquin und die Ketzer (Ausschnitt) (1489)

Sind Christen gewaltbereit?

Noch heute sind die offiziell treuesten Jesus-Jünger nicht unbedingt die friedlichsten. Untersuchungen haben sogar ergeben, dass gerade sehr konservative Christen den Einsatz von Waffen meist unterstützen. Häufig sind diese konservativen, streng gläubigen Gemeinden sehr autoritär organisiert. Man geht davon aus, dass Menschen, die an autoritäre Strukturen gewöhnt sind, eine hohe Bereitschaft zeigen, Gewalt einzusetzen, um Konflikte zu lösen.

Aufgabe:

◎ Was ist mit der Vermutung, dass an autoritäre Strukturen gewöhnte Menschen eher zu Gewalt neigen? Könnt ihr Beispiele oder Gegenbeispiele für diese Behauptung nennen?

> *„Nachfolgende Untersuchungen ergaben, daß religiöse Orthodoxie (Römisch-katholische Kirche; Vereinigte Lutherische Kirche; Assemblies of God u.a.) eine hohe Akzeptanz von Atomwaffen und militärischer Aufrüstung zeigten. [...] Je strenger religiös und je orthodoxer Personen oder Gruppierungen waren, desto militaristischer fielen ihre Einstellungen aus."*
> (aus: Hubertus Halbfas: Das Christentum. Patmos 2004. S. 143.)

© Verlag an der Ruhr ▪ Postfach 10 22 51 ▪ 45422 Mülheim an der Ruhr ▪ www.verlagruhr.de ▪ ISBN 3-86072-923-3

Mit Jesus spielen

Biblisches Vergnügen

Du sollst (nicht) gamen!
VON PASCAL ZUBER

Eine Milliarde Katholiken, ein konservativer Papst – eine Milliarde und ein Grund, die Spielewelt nach religiösen Games zu durchforsten. Ein Kreuzzug durch das christliche Gaming.

Auf den ersten Blick mögen Gamewelt und Christentum wenig gemein haben. Zugegeben: Auch auf den zweiten und dritten nicht. Aber es gibt sie. Games von der Bibel oder von der Kirche inspiriert. Mal religiös dogmatisch, mal ketzerisch satanisch – die Spannweite des Angebotes reicht von Himmel bis Hölle. Dabei bleibt es nicht einmal bei einzelnen Games.

Es existiert sogar ein eigenes Genre, eine Game-Sparte, die in Fachkreisen „God Game" – Gott-Spiel – genannt wird. Dazu gehören Titel wie „Black & White" oder „Populus", die dem Spieler insofern Gottstatus verleihen, als dass sie ihm erlauben, über Welten, Völker und Spezies, über Leben und Tod zu entscheiden und Blitze vom Himmel fahren zu lassen. Wem der frühe Aufstieg zu Gott zu viel ist, kann in „Geheimakte Jesus" auch ein Stockwerk weiter unten als dessen Sohn einsteigen.

Das Adventure befasst sich bibelhistorisch mit dem Leben des „Wanderpredigers Jesus". Dabei werden Rätsel gelöst und Gefahren abgewehrt – wie auch in jedem normalen Adventure-Game. Mit einem Unterschied: Religionspädagogische Motive sind bei diesem Spiel augenscheinlich. Diesbezüglich dürfte das in den USA erhältliche „Catechism Game" das Nonplusultra darstellen. Bei diesem Quiz gewinnt, wer sich in katholischen Glaubenslehrsätzen auskennt.

Computerspiele, die sich, sagen wir mal, nicht ganz so eng an herkömmliche kirchliche Dogmen halten, sind – vor allem in Form von Internetgames – wesentlich zahlreicher als ernsthaft religiöse Produktionen. In „Shaking Pope" beispielsweise gilt es, die zittrige Hand des Papstes mit einer Hostie an die Münder der Gläubigen zu führen. Auch „Running Jesus" ist nicht gerade religionsunterrichtkonform. Es zeigt „Jesusse" mit geschulterten Kreuzen beim 60-Meter-Spurt.

Während solche „Fun-Games" noch relativ harmlos sind, gibt es andere, eher fragwürdige Titel. In „Jesus Freakin" – zu Deutsch etwa „Jesus flippt aus" – steuert der Spieler einen bewaffneten Messias, der sich seinen Weg durch die Levels ballert. Die Schlachtszenen sind brutaler inszeniert als in manch einem handelsüblichen Shooter-Game. Geradezu satanisch. Dasselbe Genre wird aber auch von der anderen Seite bedient. „Catechumen" wird als „christlicher 3D Shooter" verkauft. Dabei macht man in „counterstrike'scher" Egoperspektive mit heiligem Schwerte allen möglichen Teufelskreaturen den Garaus. Noch im Januar 2005 hatte Papst Johannes Paul II. in einem Apostolischen Schreiben verlauten lassen: „Fürchtet euch nicht vor neuen Technologien." Vor allem junge Leute, so hieß es weiter, bräuchten eine Medienerziehung, um das vielfältige Angebot der neuen Mittel gezielt nutzen zu können.

Ob er damit auch Games gemeint hat, möge uns die Zukunft lehren. Amen.

www.blick.ch/games/news/artikel20113
(07.06.2005)

Linktipp:

➡ Noch mehr Infos findet ihr unter
**www.zeit.de/2004/11/
Computerspiele?page=1**

Aufgaben:

◎ Habt ihr schon einmal von den so genannten „God games" gehört? Besitzt ihr selbst welche? Tauscht eure Erfahrungen in der Klasse aus.

◎ Gibt es für euch eine Grenze des „guten Geschmacks" bei der Darstellung von Jesus in Computerspielen?

© Verlag an der Ruhr ■ Postfach 10 22 51 ■ 45422 Mülheim an der Ruhr ■ www.verlagruhr.de ■ ISBN 3-86072-923-3

Über Jesus lachen?

▌ Wie komisch dürfen die Geschichten sein, die man über Jesus erzählt? Hat Jesus selbst einmal gelacht? Wie lustig können Filme über ihn aussehen? Wo hört der Witz auf und fängt die Blasphemie an? Auch solche Fragen werden heutzutage immer wieder gestellt. Humor und Komik sind ein großer Bestandteil unseres Lebens. Wie lassen sie sich mit Jesus vereinbaren?

Der „Gotteslästerungsparagraph" im StgB

§ 166 Beschimpfung von Bekenntnissen, Religionsgesellschaften und Weltanschauungsvereinigungen

(1) Wer öffentlich oder durch Verbreiten von Schriften (§ 11 Abs. 3) den Inhalt des religiösen oder weltanschaulichen Bekenntnisses anderer in einer Weise beschimpft, die geeignet ist, den öffentlichen Frieden zu stören, wird mit Freiheitsstrafe bis zu drei Jahren oder mit Geldstrafe bestraft.

(2) Ebenso wird bestraft, wer öffentlich oder durch Verbreiten von Schriften (§ 11 Abs. 3) eine im Inland bestehende Kirche oder andere Religionsgesellschaft oder Weltanschauungsvereinigung, ihre Einrichtungen oder Gebräuche in einer Weise beschimpft, die geeignet ist, den öffentlichen Frieden zu stören.

AUS: DEUTSCHES STRAFGESETZBUCH (STGB)

Blasphemie

Blasphemia ist griechisch und bedeutet Lästerung, Verleumdung. Heutzutage ist damit die **Gotteslästerung** gemeint. Ob ein Scherz mit religiösem Kontext als blasphemisch empfunden wird, ist individuell verschieden. Bei fundamentalistischen religiösen Gruppierungen gibt es für religiöse Witze o.Ä. allerdings wenig Platz, hier spricht man schnell von blasphemischen Inhalten. Beispiele für blasphemische Vergehen sind:

- Verspottung/Entehrung **religiöser Symbole**, z.B. das umgekehrte christliche Kreuz.
- Verspottung **religiöser Inhalte** (Filme wie „Dogma", „Das Leben des Brian").
- **Fluchen**, vor allem mit religiösem Inhalt.
- Bei fundamentalistischen Gruppen/Sekten: **Glaube an andere Religionen** oder an andere Götter.
- **Gottesverleugnung.**

Zwischen Kult und Verbannung – „Das Leben des Brian"

1979 dreht die Komikergruppe Monty Python mit dem Regisseur Terry Jones seinen Film „Life of Brian" („Das Leben des Brian"). „Das Leben des Brian" erzählt die Geschichte des Palästinensers Brian, der an einem 25. Dezember zu Beginn der Zeitrechnung geboren wird – in einer Scheune, unweit der Krippe Jesu. Fälschlicherweise wird Brian immer wieder für den Messias gehalten, was ihn in die merkwürdigsten, schwierigsten, vor allem aber extrem komischen Situationen bringt. Der Film hat inzwischen Kultstatus erreicht, viele seiner Szenen werden in anderen Filmen zitiert. Aber die Reaktionen auf den Film waren keinesfalls alle positiv – im Gegenteil: In Norwegen durfte der Film wegen „Blasphemie" nicht im Kino gezeigt werden, in Irland galt die Sperre acht Jahre lang und auch in Italien kam der Film erst 1990, elf Jahre nach Erscheinen, in die Kinos.

Aufgaben:

Schaut euch den Film „Das Leben des Brian" gemeinsam an.

◎ Diskutiert anschließend den Begriff „Blasphemie". Gibt es Stellen, die blasphemisch wirken oder ist der Film einfach nur komisch?

◎ Mit welchen Fakten oder auch Mythen aus dem Leben Jesu wird in dem Film ironisch gespielt?

© Verlag an der Ruhr ▪ Postfach 10 22 51 ▪ 45422 Mülheim an der Ruhr ▪ www.verlagruhr.de ▪ ISBN 3-86072-923-3

Comic-Held Jesus

▌ 2002 erscheint der Comic „Das Leben des Jesus" des österreichischen Karikaturisten Gerhard Haderer. Der Comic löst einen Aufschrei bei gläubigen Christen aus, da er den Sohn Gottes als kiffenden Gute-Laune-Menschen darstellt und die gesamte Jesus-Verehrung und die Jesus-Mythen ironisch unter die Lupe nimmt. In ganz Europa sorgt der Comic für Aufsehen und bleibt nicht ohne Folgen. In Griechenland verurteilt man Haderer zu sechs Monaten Haft. Aus ganz Europa werden Stimmen von Künstlerkollegen laut, die sich auf Haderers Seite stellen. Als die österreichische Regierung ihr Verständnis für den griechischen Entschluss zeigt, kommt es zu einer großen Protestaktion. Am 13. April 2005 wird Haderer vom griechischen Gericht schließlich wieder freigesprochen.

> „Ich protestiere gegen Gerhard Haderer! Der groben Verhöhnung des christlichen Glaubensgutes muß ein Riegel vorgeschoben werden."
>
> (Christoph Schönborn, Erzbischof von Wien)

✎

Aufgaben:

◎ Auf der Internet-Seite **www.das-leben-des-jesus.at** erfahrt ihr mehr über das Buch, den Prozess und die Reaktionen. Welche Aussagen könnt ihr verstehen, was ist eurer Meinung nach nicht in Ordnung?

◎ Unter **www.das-leben-des-jesus.at/daslebendesjesus/kommentar/main.php** findet ihr ein Forum mit über 600 Einträgen zum Buch.
Lest euch weitere Anmerkungen durch. Erstaunt euch das große Interesse an diesem Buch?

Jesus als Comic-Held

„Humor ist, wenn man trotzdem lacht. Es sei denn, es geht um Jesus Christus in einem Comic, der in Griechenland vertrieben wird. Eine Geschichte von religiöser Zensur und Hoffen auf Europa. [...] Der Künstler verteidigte seine Arbeit: ,Ich habe ein Comic gezeichnet über diese verniedlichte Darstellung des katholischen Glaubens in kitschige und kindliche Bildchen. Und ich habe nichts anderes gemacht, als den Gegensatz zwischen diesen unglaubwürdigen Erzählungen und der wirklichen Substanz des Glaubens auf die Spitze zu treiben.' [...]

Was bedeutet dieses Urteil für all jene, die Comics und Satire zeichnen. Denn wenn man von staatlicher Seite plötzlich Limits gesetzt bekommt für seinen Humor, dann ist das tatsächlich für sehr viele ein Grund zur Beunruhigung. [...]"

(Vivian Papanayotou/Helle Jeppesen) **www.dw-world.de** © Deutsche Welle

MIT DIESEM PLAKATMOTIV ZEIGTEN VIELE KÜNSTLER IHRE SOLIDARITÄT MIT DEM VERURTEILTEN KARIKATURISTEN.

Aus einem Online-Forum:

Kommentar am 07.03.2002:

Als Religionslehrer bin ich überzeugt, dass sich Jesus über dieses Buch göttlich amüsiert hätte! Es ist besser, karikiert zu werden als überhaupt keine Erwähnung mehr zu finden!

Kommentar am 12.04.2002:

Dass Jesus wirklich gelebt hat, leugnen Sie ja offensichtlich nicht, sonst hätten Sie nicht dieses Buch herausgebracht, in dem es um das Leben des Herrn geht. Aber sein Leben derart geschmacklos zu „zeichnen", ist unter der Würde eines renommierten Verlages wie Ueberreuter. Lesen Sie die Bibel und gehen Sie in sich!

Kommentar am 01.03.2003:

Ich finde diese Seite geist- und geschmacklos. Jedes Wort mehr ist schon zu viel!

Kommentar am 13.02.2004:

Echt gelungener Auftritt. Endlich mal kein steifes Bibelgesülze, sondern etwas, das auch unsereins versteht. :-))

© Verlag an der Ruhr ▪ Postfach 10 22 51 ▪ 45422 Mülheim an der Ruhr ▪ www.verlagruhr.de ▪ ISBN 3-86072-923-3

Marke Jesus

Heutzutage lassen sich mit Jesus offenbar prima Geschäfte machen. Jesus ist zur Marke geworden, die unterschiedlichste Gegenstände ziert. Die Käufergruppe ist nicht einheitlich. Von der älteren, streng gläubigen Frau, die sich eine kitschige Tasse kauft, bis zum Jugendlichen, der nicht in die Kirche geht, aber ein Jesus-T-Shirt „irgendwie kultig" findet. Mit Jesus kann man inzwischen richtig viel Geld machen. Sein Gesicht erscheint auf Tassen, T-Shirts und in Tattoo-Form auch auf Körpern. Er wird in Musicals und Popsongs besungen, auf der Bühne beweint und in Filmen als Held gefeiert. Mit dem historisch-biblischen Jesus von Nazareth hat dieses Geschäft mit der Marke Jesus nicht mehr viel zu tun.

> „Eine Marke namens Jesus. In Amerika sorgt der »Bibleman« in Spielwarenabteilungen für Rekordumsätze. Anders als sein ungläubiger Kollege Superman lässt er sich nicht in die Flucht schlagen, denn er bezieht seine Kraft direkt aus der Heiligen Schrift. Die Messias-Geschäfte laufen blendend. Klar wird: Mit Jesus lässt sich Geld machen. Eine Marktlücke namens Jesus. Nicht nur in Amerika liegt die religiös-inspirierte Pop- und Rockmusik im Trend. Plattenbosse christlicher Plattenlabels versichern, dass sich mit Soul- und Gospel-Titeln schwarze Zahlen schreiben lassen. Die Worship-Maschinerie läuft auf Hochtouren. Klar ist: Mit Jesus lässt sich Musik machen."
>
> (AUS: THEO EISSLER: EINE MARKE NAMENS JESUS. 17.08.2004)
> www.sound7.de/article.php?article=2217&channel=11

JESUS ALS TATTOO

Heute kann man die unterschiedlichsten Jesus-Produkte kaufen

Aufgaben:

◎ Denkt euch selbst einfallsreiche Merchandisingprodukte zu Jesus aus. Überlegt euch, ob es bei euren Produkten um eine Kultfigur geht oder um eine religiöse Figur.

◎ Welche Merkmale, Eigenschaften und besonderen Kennzeichen Jesu spielen für die „Marke Jesus" eine wichtige Rolle?

◎ Welche Popsongs fallen euch auf Anhieb ein, die den Jesus-Kult bedienen?

© Verlag an der Ruhr ■ Postfach 10 22 51 ■ 45422 Mülheim an der Ruhr ■ www.verlagruhr.de ■ ISBN 3-86072-923-3

Wer ist Jesus?

Hans Burgkmair, Anlitz Christi

Jesus ist …

… der **Sohn Gottes**, auf die Welt gekommen, um für die Menschen zu sterben und von sie ihren Sünden zu befreien. Jesus hat den Menschen damit das **Paradies** zurückgebracht.

… der Beweis für die **Existenz eines himmlischen Reiches**, in das wir nach unserem Tod aufgenommen werden. Daher gibt Jesus gerade Schwerkranken und Sterbenden Mut, Kraft und vor allem **Hoffnung auf ein Leben nach dem Tod**.

… ein **Jude**, der nach der jüdischen Tradition aufwächst. Er ist direkter **Nachfolger des Königs David**, lehrt in den Synagogen und verkündet das Wort Gottes ausschließlich seinem eigenen Volk.

… der selbst ernannte **König der Juden**. Er wurde von seinem eigenen Volk verraten und hingerichtet, weil man seine wahre Identität nicht erkannt hatte.

… ein **wichtiger jüdischer Prophet**, der wie Moses von Gott berichtet und dessen Botschaft verkündet. Er ist nicht göttlicher Natur.

… der **Sohn Marias** und eines irdischen Vaters. Er ist ein **Gesandter Gottes**, zwar weniger bedeutend als der große Prophet Mohammed, verkündet aber wie er das Wort Gottes.

… nie auferstanden. Die Christen feiern die **Auferstehung**, damit die Grundlage ihrer Religion nicht bröckelt. Der **Tod am Kreuz** musste durch eine möglichst spektakuläre Wundertat wettgemacht werden.

… der **Sohn Gottes**, gleichzeitig ist er aber auch eins mit Gott und dem Heiligen Geist. Er besitzt eine **Doppelnatur**, ist weder nur menschlich noch nur göttlich: Er ist immer beides zusammen.

… der **auferstandene Messias**, der in den Himmel zu Gottvater aufgefahren ist. Er wird **zurückkommen**, um sein Volk zu befreien.

… **kein Religionsgründer**. Er hat die **Kirche**, wie sie heute aussieht, nicht gewollt. Seine Aussagen wurden oft fehlinterpretiert, subjektiv gedeutet und von manchen für ihre Zwecke missbraucht.

… der **Begründer der christlichen Kirche**. Er hat den Jünger Petrus als seinen direkten Nachfolger und als ersten Papst selbst ernannt. Er wollte eine **neue Kirche** gründen.

… ein **guter Mensch**, der zu einem Mythos wurde. Der Mythos hat aber viel Gutes bewirkt. Für den Glauben ist es egal, ob Jesus wirklich so war, wie im Mythos behauptet.

Aufgaben:

◎ Rechts könnt ihr noch einmal einige Antworten auf die Frage **„Wer ist Jesus?"** nachlesen. Ihr habt inzwischen unterschiedliche Quellen, religiöse Darstellungen und Texte kennen gelernt, die alle von einer Person namens Jesus erzählen. Versucht, die Aussagen abschließend den verschiedenen Positionen zuzuordnen.

◎ **Wer ist Jesus?** Erinnert euch an die **Schnell-Fragerunde**, die ihr am Anfang eurer Unterrichtsreihe veranstaltet habt. Lest euch die Ergebnisse dieser Fragerunde noch einmal durch. Mal angenommen, ihr würdet die gleiche Frage noch einmal stellen: Welche Antworten würden anders ausfallen und warum? Stellt euch selbst noch einmal die Frage und schreibt eure **persönliche Antwort** auf.

© Verlag an der Ruhr ■ Postfach 10 22 51 ■ 45422 Mülheim an der Ruhr ■ www.verlagruhr.de ■ ISBN 3-86072-923-3

Hintergründe, Fakten, Meinungen

➤ S. 9/10: Was wissen wir eigentlich

1. **In welchem Buch der Bibel kommt Jesus vor?**
   Antwort: c
2. **Was bedeutet der Name „Jesus" wörtlich übersetzt?**
   Antwort: a
3. **Was bedeutet „Christus" wörtlich übersetzt?**
   Antwort: c
4. **Wer waren die Eltern Jesu?** Antwort: c
5. **In welchem Buch der Bibel steht die Weihnachtsgeschichte?** Antwort: c
6. **An welchem Tag feiern die Christen die Geburt Jesu?** Antwort: b
7. **Wann wurde Jesus geboren?** Antwort: a
8. **Wer taufte Jesus?** Antwort: b
9. **Welcher Religion gehörte Jesus an?** Antwort: a
10. **Welcher König gilt als ein Vorfahre Jesu?** Antwort: c
11. **In welchem Dorf wuchs Jesus auf?** Antwort: b
12. **Wie viele Jünger hatte Jesus?** Antwort: b
13. **Welches Gebet hat Jesus gelehrt?** Antwort: c
14. **In welchem Buch kommt Jesus vor?** Antwort: b
15. **In welchem Land lebte Jesus?** Antwort: c
16. **Wie heißt die berühmteste Rede von Jesus?**
    Antwort: b
17. **Welcher Ausspruch stammt von Jesus?** Antwort: c
18. **In welcher Stadt hielt Jesus mit seinen Jüngern das „letzte Abendmahl"?** Antwort: c
19. **Wer verurteilte Jesus?** Antwort: a
20. **Wo wurde Jesus gekreuzigt?** Antwort: c
21. **An welchem Tag feiern die Christen die Auferstehung Jesu?** Antwort: a

➤ S. 18: Die Evangelien – Überblick

Warum verschweigt Lukas Johannes den Täufer?
Um nicht zu zeigen, dass Jesus von einem anderen – nämlich Johannes – getauft wurde und damit erst in die Glaubensgemeinschaft aufgenommen wurde. Lukas verzichtet auf die Bedeutung Johannes', um die Figur Jesu noch wichtiger und bedeutsamer erscheinen zu lassen.

➤ S. 22: Apokryphe Schriften

Warum hat die Kirche die Kanonisierung des Judas-Evangeliums nicht zugelassen?
Judas wäre dann nicht als der große Verräter, sondern als Helfer Gottes in die Religionsgeschichte eingegangen. Das Judas-Evangelium zeigt ihn als Instrument Gottes. Wäre Judas nicht gewesen, wer hätte dann dafür gesorgt, dass Jesus verraten wird und schließlich am Kreuz die Sünden aller Menschen auf sich nimmt? Diese Sicht des Judas wollte die Kirche umgehen und stattdessen in Judas den Sünder und Verräter anklagen, den das schlechte Gewissen in den Selbstmord treibt.

➤ S. 26: Jesus im Alten Testament

Auf welche Stationen im Leben Jesu spielen die Stellen aus dem AT an?
Geburt Jesu, Verstoßung Jesu durch sein eigenes Volk, Kreuzigung Jesu.

➤ S. 27: Jesus im Talmud

Vergleich der Talmudstellen mit dem Buch Deuteronomium und Micha:
Im Buch Deuteronomium 23,18f. geht es um das göttliche Verbot sakraler Prostitution, im Buch Micha 1,7 geht es um die Anklage Samarias, dessen Tempelausstattung vom Verdienst der Tempeldirnen bezahlt wurde.

➤ S. 33: Josef – Jesus' Ziehvater

Welche Vaterfiguren werden in den Bibelzitaten von wem gegenübergestellt?
Maria nennt Josef den Vater Jesu, während Jesus deutlich macht, dass sein Vater – nämlich Gott – die ganze Zeit bei ihm ist.

➤ S. 37: Jesus, der Messias?

Aus welchen Gründen ist das Judentum mit der oben angeführten Bibelstelle nicht einverstanden?
Jesus wird durch diese Bibelstelle deutlich als Messias, als Sohn Gottes bezeichnet. Die Juden aber glauben daran, dass die Ankunft des Messias noch bevorsteht. Jesus ist für sie lediglich ein besonderer Prophet Gottes, nicht aber sein Sohn.

➤ S. 39: Jesus: Gottessohn oder Menschenkind?

Warum ist die Doppelnatur Jesu so wichtig für das Christentum?
Damit die biblischen Evangelien im Christentum Gültigkeit besitzen, muss immer auch von einer menschlichen Natur Jesu ausgegangen werden. Schließlich hat er unter und mit Menschen gelebt und ein irdisches Dasein verbracht. Gleichzeitig muss ein Christ aber auch an die göttliche Natur Jesu glauben, um sich z.B. vom jüdischen Glauben abzugrenzen. Während die Juden in Jesus einen auser-

wählten Menschen, einen besonderen Propheten erkennen, feiern die Christen in Jesus auch den Gottessohn, der Menschliches und Göttliches zusammenführt.

➤ S. 40: Der Beginn des Mythos

Warum ist das Wunder der Auferstehung so wichtig für das Christentum?

Das Wunder der Auferstehung kompensiert für Christen den erniedrigenden Tod am Kreuz, den Jesus erfahren musste. Gerade weil der Tod am Kreuz für damalige Verhältnisse die unehrenhafteste und schändlichste Art zu sterben war, musste ein ganz besonderes Wunder folgen, um Jesu göttliche Natur nicht in Frage zu stellen. Die Auferstehung ist das deutliche Zeichen, dass Jesus nicht gestorben ist, sondern als Sohn Gottes weiterhin über die Menschen wacht.

➤ S. 41: Hoffnung auf das Reich Gottes

Stellen in der Apostelgeschichte, die sich auf die Rückkehr Jesu beziehen:

Apostelgeschichte 1,6–8; 1,10–11

➤ S. 47: Rom: Die Hauptstadt der Christen

Warum bereitete die christliche Lehre den mächtigen Römern anfangs Probleme?

Die Christen solidarisierten sich mit den Armen, Sklaven und Außenseitern der Gesellschaft und verkündeten einen Gott, der sich nicht mit den Mächtigen, sondern gerade mit den Schwachen verbündet. Das machte die Römer misstrauisch, da sie selbst an Götter glaubten, die durch Geld und materielle Werte zu beeinflussen waren.

➤ S. 49: Die neue Macht der Christen

Die Folgen des Toleranzedikts:

Die Treffen der Christen mussten nun nicht länger heimlich stattfinden, Christen durften wieder in allen Berufen arbeiten. Außerdem wurden Christen reicher, da sie nun alle verlorenen Besitztümer wiederbekamen. Damit waren sie keine Außenseiter der Gesellschaft mehr, sondern gewannen an Macht und Einfluss dazu.

➤ S. 52: Jesus und Kirche – Kirche Jesu?

Was meint Jesus mit dem Wort „Kirche"?

Wenn man die ursprüngliche Bedeutung des Wortes (Volksversammlung, Zusammenkunft) berücksichtigt, dann kann Jesu angebliche Botschaft keinesfalls so interpretiert werden, als hätte er die heutige institutionalisierte Form der Kirche angestrebt. Vielmehr bezieht sich das Wort einfach auf eine Gemeinschaft von Jüngern und Anhängern Jesu, die Petrus leiten sollte.

➤ S. 65: Im Namen Jesu – Die Inquisition

Welche Strafen bei welchen Verbrechen?

Bei weniger schweren Fällen von Häresie (z.B. wenn man an häretischen Kulthandlungen teilnahm, ohne aktiv zu werden) musste der Verurteilte öffentlich dem Irrglauben abschwören und eine kirchliche Buße leisten (Tragen von gelben Bußkreuzen, Pilgerfahrten u.Ä.).
In schweren Fällen von Häresie (z.B. wenn man die häretischen Kulthandlungen selbst vollzogen hatte) musste der Ketzer dem Irrglauben abschwören und für eine lebenslange Haft in den Kerker.
Besonders gefährliche oder rückfällige Ketzer wurden aus der Kirche ausgestoßen und dem weltlichen Gericht übergeben, das nun die Strafe verhängen musste. Die lautete in der Regel: Tod durch Verbrennen.

➤ S. 73: Jesus und Frauen

Warum dürfen Frauen in der katholischen Kirche Begräbnisfeiern leiten?

Weil Beerdigungen und Begräbnisfeiern in der katholischen Kirche – im Gegensatz zur Eheschließung, zur Taufe und zur Firmung – kein Sakrament darstellen.

➤ S. 76: Apostel und Jünger

Fragen zum Neuen Testament

1. Petrus war Fischer.
2. Petrus' Bruder heißt Andreas.
3. Petrus, Jakobus und Johannes waren bei Jesus.
4. Paulus ist nicht von Jesus persönlich zum Apostel bestimmt worden.
5. Thomas zweifelt daran, dass die anderen Jünger tatsächlich den auferstandenen Jesus gesehen haben.

Themenregister

Hier finden Sie mögliche Themenschwerpunkte, die den differenzierten und gezielten Umgang mit den Arbeitsmaterialien erleichtern. Will man Antworten auf die Frage „Wer ist Jesus?" finden, kann man unterschiedlichsten Aspekten nachgehen. Hier sind einige davon:

Jesus und Wahrheit

Jesus und Bibel

Jesus und Mythos

Jesus und Gewalt

Jesus und Kirche

Jesus und Religion

Themenregister

Ausgewählte Literatur und Links

Hubertus Halbfas (Hg.):
Das Christentum.
Patmos 2004. ISBN 3491703778

Rudolf Augstein:
Jesus Menschensohn.
dtv 2003. ISBN 3-423-30822-2

Christopher Moore:
Die Bibel nach Biff.
Goldmann 2002. ISBN 3-442-54182-4

Julia Dieter, Siegfried Haas:
Warum gerade ich? Die Hiob-Geschichte.
Materialien und Diskussionsanregungen.
Verlag an der Ruhr 2004. ISBN 3-86072-830-X

Michael Keene:
Was Weltreligionen zu Alltagsthemen sagen.
Aktuelle Probleme aus der Sicht von Christen,
Juden und Muslimen. Verlag an der Ruhr 2005.
ISBN 3-86072-989-6

Christoph Menn-Hilger:
Die 10 Gebote heute.
Infos, Materialien, Provokationen. Verlag an der Ruhr 2003.
ISBN 3-86072-774-5

Heiner Geißler:
Was würde Jesus heute sagen?
Die politische Botschaft des Evangeliums. Rowohlt 2004.
ISBN 3499615940

Klaus Berger:
Jesus. Pattloch 2004. ISBN 3629008127

Hermann-Josef Frisch:
Lexikon des Christentums.
Patmos 2005. ISBN 3491797462

Alfred Pfabigan:
Die andere Bibel. Gottes verbotene Worte.
Eichborn 2004.
ISBN 3821855991

Jack Miles:
Jesus. Der Selbstmord des Gottessohns. Hanser 2001.
ISBN 3423341122

wwwuser.gwdg.de/~rzellwe/nhs/nhs.html
Hier findet ihr die so genannte „Bibel der Häretiker",
sämtliche apokryphe Schriften, die man in Nag Hammadi
gefunden hat.

www.joerg-sieger.de
Der katholische Pfarrer Dr. Jörg Sieger hat auf seiner
Internet-Seite zahlreiche Informationen über Kirchen- und
Glaubensgeschichte zusammengestellt. Außerdem werden
hier auch aktuelle Fragen zu Religion und Kirche diskutiert.

www.remid.de/remid_info_zahlen.htm
Beim Religionswissenschaftlichen Medien- und
Informationsdienst erhaltet ihr alle aktuellen Zahlen und
Fakten zum Thema „Glauben und Religion", z.B. die
Mitgliederzahlen aller Religionen in Deutschland.

www.jesus-online.de
„Jesus online" ist ein gemeinsames Projekt verschiedener
christlicher Organisationen und Initiativen. Hier zeigt sich,
welche Rolle und Bedeutung die Figur Jesus bei Gläubigen
heutzutage einnimmt.

www.jesusfreaks.de
Hier lernt ihr ein Beispiel einer besonderen Gemeinde
kennen, die Jesus in den Mittelpunkt ihres Glaubens stellt.
Methoden, Rituale und Botschaft dieser Gemeinde sind
genauso modern wie ernst gemeint.

www.vatican.va/phome_ge.htm
Die offizielle Seite des Vatikanstaats. Hier erfahrt ihr alles
über den obersten Jünger Jesu, den aktuellen Papst.
Außerdem informieren zahlreiche Presse- und
Informationstexte über Struktur und Aufbau der katho-
lischen Kirche und ihre Geschichte.

alt.bibelwerk.de/bibel
Hier kann online in der Einheitsübersetzung der Bibel
geblättert werden.

www.verlagruhr.de
Da sich Internetadressen schnell verändern können,
finden Sie auf unserer Homepage unter dem Titel
„Wer ist Jesus?" eine stets aktualisierte Linkliste
aller Internetadressen aus dieser Mappe.

Hintergründe, Fakten, Meinungen